보현행원품

관세음보문품, 범망경보살계본

큰글씨 한글경전

보현행원품

2021년 4월 5일　초판 1쇄 발행

지은이　경전연구모임
펴낸이　이규만
디자인　B&D
펴낸곳　불교시대사

출판등록　1991년 3월 20일 제300-1991-27호
주소　(우)03149 서울시 종로구 인사동 7길 12 백상빌딩 1305호
전화　02 - 730 - 2500
팩스　02 - 723 - 5961
이메일　kyoon1003@hanmail.net

ISBN　978-89-8002-164-2　04220
ISBN　978-89-8002-161-1　04220(세트)

보현행원품, 관세음보문품, 범망경보살계본

경전연구모임

불교시대사
1% 나눔의 기쁨

《보현행원품》, 《관세음보문품》, 《범망경보살계본》에 대한 해설

  《보현행원품》은 대승경전의 백미인 화엄경-《대방광불화엄경(大方廣佛華嚴經)》 가운데 가장 널리 알려진 대목이다.《보현행원품》의 원래 명칭은《대방광불화엄경입부사의해탈경계보현행원품》이다.

  40《화엄경》 가운데 보현보살이 구도자인 선재동자에게 설한 법문이 그 내용이다.《화엄경》에선 선재동자가 문수보살의 가르침을 받고 보리심을 발해 53선지식을 차례로 방문한다. 53선지식 가운데 가장 마지막으로 만나는 보살이 보현보살이다. 선재동자는 보현보살에게 도저

히 언어로는 표현할 수 없는 부처님의 공덕을 들으며, 보살이 마땅히 세워야 할 열 가지 행원(行願)을 듣게 된다.

보현보살이 말한 십대원은 보살이 되고자 하는 모든 이들이 언제나 잊지 말아야 할 마음가짐이다. 보현보살의 10대원이야말로, 다른 많은 보살들이 세운 서원들 가운데에서 가장 대표적인 서원이다.《보현행원품》에서 나타난 10대원은 실제 생활에 있어서 보살이 되기를 원하는 이들이 다른 이웃들에게 어떤 마음가짐을 가져야 하는가 하는 문제이다.《보현행원품》에서 주장하는 가르침을 한 마디로 설명한다면 나와 이웃이 결국 한 몸이라는 동체대비(同體大悲)의 화엄사상인 것이다.

《관세음보문품》역시《보현행원품》처럼 대표적인 대승경전인《법화경》에서 따로 별개의 장으로 이루어진 경전이다.

일승(一乘)의 사상을 대표하는 경전인《법화경》가운데《관세음보살보문품》은 줄여서《관음경》이라고도 한다.

이 경전의 내용은 관세음보살이 32가지 모습으로 나투시어 자비로 중생의 재난을 구제하고 소원을 모두 이루어 주신다는 절대 신앙을 바탕으로 성립되었다.

관세음보살은 '세간의 음성을 관(觀)하는 이'란 뜻으로, 사바세계의 중생이 괴로워할 때 그 괴로움을 거두어 주신다는 부처님이다. 또 중생에게 일체의 두려움이 없는 무외심을 베푼다는 뜻으로 시무외자(施無畏者)라고도 한다. 그런 가 하면 자비를 널리 베푸신다는 뜻으로 대비 성자(大悲聖者), 세상을 구제하신다고 해서 구세 대사(救世大士)라고도 한다. 《법화경》 가운데서 도 이런 관세음보살의 공덕을 찬탄하는 《관세 음보문품》이 널리 독송된데는 다음과 같은 까 닭이 있다.

이 경전을 외우고 관세음보살을 생각하면 일 곱 가지 모진 재난을 피하고, 탐·진·치의 삼 독에서 벗어날 뿐만 아니라 모든 소원이 원만 하게 이루어진다는 믿음 때문이다. 바로 이런 중생들의 소원을 이루어주기 위해 관세음보살 은 32가지의 모습으로 화현하신다는 것이 《관 세음보문품》의 내용이다.

《범망경》이라고 더 잘 알려진《범망경보살계본(梵網經菩薩戒本)》은 원래 대승의 계율에 관한 책이다. 원래 범본은 2권으로 이루어졌지만, 한 권만을 따로 뽑아내어《보살계본》이라 이름하였다.

《범망경보살계본》은 보살대승의 대계를 밝히고 있다.

열 가지 무거운 죄를 범하지 말라는 십중대계(十重大戒)는 불교 윤리의 대표적인 계율이다.

첫째 살생하지 말라, 둘째 주지 않는 것을 훔치지 말라, 셋째 음행하지 말라, 넷째 거짓말하지 말라, 다섯째 술을 마시거나 팔지 말라는 계율은 기본적인 오계(伍戒)에서 벗어나지 않는다. 여기에 더한 다섯 가지 계율이 재가신도라면 필수적으로 지켜야 할 것들이다.

여섯째 사부대중의 허물을 말하지 말라. 일곱째 자기를 칭찬하며 남을 비방하지 말라, 여덟째 자기 것을 아끼려고 남을 욕하지 말라, 아홉째 성내지 말고 참회하면 잘 받아 주라, 열째 삼보를 비방하지 말라 등이다. 여기에 덧붙여 사십팔경계(四十八輕戒)가 따른다.

《범망경》에서는 이런 계율이야말로 깨달음의 언덕으로 향하는 확실한 지표임을 밝히고 있다. 또 청정한 생활, 계율에 합당한 생활만이 걸림없는 해탈의 경지를 약속할 것이란 믿음이 그 근간에 깔려 있다.

차례

보현행원품

보현보살이 부처님의 수승공덕을 찬탄하
고 나서 여러 보살과 선재동자에게 말씀하
셨다.

　　"선남자여, 여래의 공덕은 비록 시방세
계 모든 부처님께서 수없이 많은 세월을 두
고 계속하여 말씀하시더라도 다 말씀하지
못한다. 만약 이러한 공덕을 성취하고자 하
려면 마땅히 열 가지 큰 행원을 닦아야 한
다. 그 열 가지 행원이란 무엇인가. 첫째 모
든 부처님께 예배하고 공경하는 것이요, 둘
째 부처님을 찬탄하는 것이요, 셋째 널리 공
양하는 것이요, 넷째 지은 허물을 참회하는
것이요, 다섯째 남이 짓는 공덕을 함께 기뻐

하는 것이다. 여섯째 설법해 주기를 청함이
요, 일곱째 부처님이 이 세상에 오래 계시기
를 청함이요, 여덟째 언제나 부처님을 본받
아 배움이요, 아홉째 항상 중생을 따르는 것
이요, 열째 지은 바 모든 공덕을 모두 다 돌
려주는 것이다."

　선재동자가 물었다.

　"거룩하신 이여, 어떻게 예배하고 공경하
며 어떻게 돌려주어야 합니까?"

　보현보살이 선재동자에게 말씀하셨다.

　"선남자여, 모든 부처님께 예배하고 공경
하는 것은 법계[1] · 허공계 · 시방삼세 모든
부처님 세계의 많은 부처님을 보현의 수행

---

1)　법계(法界): ①계(界)는 인(因)이란 뜻. 법은 성법(聖
　　法)이니 성법을 내는 원인이 됨. ②계는 성(性)이란 뜻.
　　③계는 분재(分齋)란 뜻.

과 서원으로 깊은 믿음을 내어 눈앞에 계신 듯 받들고 청정한 몸과 말과 뜻을 다해 항상 예배하고 공경하되, 한 분 한 분 부처님 계신 곳에 수없이 많은 몸을 나타내어 수많은 부처님께 두루 예배하고 공경하는 것이다. 허공계[2]가 다하면 나의 예배와 공경도 다하겠지만, 허공계가 다할 수 없으므로 나의 예배와 공경도 다함이 없다.

이와 같이 중생계가 다하고 중생의 업이 다하고 중생의 번뇌가 다하면 나의 예배와 공경도 다하겠지만, 중생계와 중생의 번뇌가 다함이 없으므로 나의 예배와 공경도 다함이 없다. 생각이 계속되어 끊임없어도 몸

---

2) 허공계(虛空界): 진여(眞如)를 이름. 빛도 모양도 없으며 일체만유를 온통 휩싸고 있는 것이 허공과 같으므로 이렇게 이름.

과 말과 뜻으로 짓는 일에 지치거나 싫어함이 없다.

선남자여, 또한 부처님을 찬탄한다는 것은 무엇인가.

모든 법계·허공계·시방삼세의 불국토에 수없이 많은 부처님이 계시고, 그 한 분 한 분 부처님 계신 곳마다 한량없는 보살들이 둘러싸 모시고 있다. 그 분들을 내가 마땅히 깊고 뛰어난 지혜로써 눈앞에 나타난 듯 알아보고 변재천녀[3]보다도 더 뛰어난 변재로써 부처님의 한량없는 모든 공덕을 찬탄하며, 미래세가 다하도록 계속하여 끊이지 않고, 끝없는 법계에 두루하는 것이다.

---

3) 변재천녀(辨才天女): 노래와 음악을 맡은 여인. 걸림이 없는 변재가 있어 수명증익(壽命增益). 원적퇴산(怨敵退散), 재보만족(財寶滿足)의 이익을 준다고 함.

이와 같이 하여 허공계가 다하고 중생계가 다하고 중생의 업이 다하고 중생의 번뇌가 다하면 나의 찬탄도 다하겠지만, 허공계와 중생의 번뇌가 다함이 없으므로 나의 찬탄도 다함이 없다. 생각이 계속되어 끊임없어도 몸과 말과 뜻으로 짓는 일에 지치거나 싫어함이 없다.

　선남자여, 또한 널리 공양한다는 것은 무엇인가.

　온 법계·허공계·시방삼세 모든 불국토에 수없이 많은 부처님이 계시고, 한 분 한 분 부처님 계신 곳마다 한량없는 보살들이 둘러싸 모시고 있다. 나 보현의 행원과 서원의 힘으로 깊은 믿음과 지혜를 일으켜 눈앞에 계신 듯 받들고, 여러 가지 훌륭한 음식들로 공양한다. 이른바 꽃과 꽃 나래와 천상

의 음악과 천산개운이며 옷과 여러 가지 하
늘의 향인 바르는 향, 사르는 향, 가루향 등
이와 같은 것들이 각각 수미산[4]만하다. 또
한 여러 가지 등을 켜는 등불은 우유등 · 기
름등 · 향유등 인데, 등의 심지는 각각 수미
산 같고 기름은 바닷물과 같다. 이러한 여러
가지 공양거리로 항상 공양하는 것이다.

　선남자여, 그러나 모든 공양 가운데는 법
공양이 가장 으뜸이다. 부처님 말씀대로 수
행하는 공양과 중생들을 이롭게 하는 공양
과 중생을 거두어주는 공양과 중생의 아픔
을 대신 받는 공양과 착한 일을 하는 공양과

---

4) 수미산(須彌山) : 4주 세계의 중앙. 금륜(金輪) 위에 솟
　은 높은 산. 둘레에 7산(山) 8해(海)가 있고 그 밖에 철
　위산이 둘려 있으며 물 속에 잠긴 것이 8만 유순, 물 위
　에 드러난 것이 8만 유순이며 꼭대기는 제석천, 중턱은
　4왕천의 주처(主處)라 함.

보살의 할 일을 버리지 않는 공양과 보리심[5]을 여의지 않는 공양이 바로 그것이다.

선남자여, 앞에 말한 많은 공양으로 얻는 공덕을 잠깐 동안 쌓은 법공양의 공덕에 비교한다면 백분의 일에도 미치지 못하며, 천분의 일에도 미치지 못하며 백천만억 분의 일에도 미치지 못한다. 왜냐하면, 모든 부처님께서는 법을 존중하기 때문이며, 부처님 말씀대로 수행함이 많은 부처님을 나게 하는 까닭이며, 또한 보살들이 법공양을 행하면 이것이 곧 부처님께 공양하는 것과 다름 없기 때문이다.

이러한 수행이 참다운 공양이다. 넓고 크고 가장 훌륭한 공양은 허공계가 다하고 중

---

5) 보리심(菩提心): 불과(佛果)에 이르러 깨달음의 지혜를 얻고자 하는 마음.

생계가 다하고 중생의 업이 다하고 중생의
번뇌가 다하면 나의 공양도 다할 것이다. 그
러나 허공계와 중생의 번뇌가 다할 수 없으
므로 나의 이 공양도 다하지 않는다. 이처럼
순간마다 생각이 계속 되어 끊임없어도 몸
과 말과 뜻으로 짓는 일에 지치거나 싫어함
이 없다.

　선남자여, 지은 허물을 참회한다는 것은
무엇인가.

　보살은 스스로 생각하기를,

　'내가 지금까지 오랜 세월 동안 살아오면
서 탐내는 마음과 성내는 마음과 어리석은
마음으로 말미암아 몸과 말과 뜻으로 지은
모든 악한 업이 한량없고 끝이 없어, 만약
이 악업이 형체가 있다면 끝없는 허공으로
도 그것을 다 받아들일 수 없을 것이다. 내

이제 청정한 삼업⁶⁾으로 법계에 두루 계시는 부처님과 보살들 앞에 지성으로 참회하고, 다시는 악한 업을 짓지 않으며 항상 청정한 계율의 모든 공덕에 머물러 있으리라'하는 것이니라.

이와 같이 하여 허공계가 다하고 중생계가 다하고 중생의 업이 다하고 중생의 번뇌가 다하면 나의 참회도 다할 것이다. 그러나 허공계와 중생의 번뇌가 다할 수 없으므로 나의 참회도 다하지 않는다. 이처럼 생각이 순간마다 계속되어 끊임없어도 몸과 말과 뜻으로 짓는 일에 지치거나 싫어함이 없다.

선남자여, 또한 남이 지은 공덕을 기뻐한다는 것은 무엇인가.

---

6) 삼업(三業): 몸(身)·말(口)·뜻(意)으로 짓는 세 가지 업.

온 법계·허공계·시방삼세 불국토의 수많은 부처님께서 처음 발심하신 때로부터 모든 지혜를 위하여 부지런히 복덕을 닦을 때 몸과 목숨을 돌보지 않으셨다. 또한 수없이 많은 세월을 지나면서 그 세월 속에서 머리와 눈과 손발까지도 아낌없이, 헤아릴 수 없이 많은 보시를 했다. 또 이와 같은 행하기 힘든 고행을 하면서 여러 가지 바라밀문[7]을 원만히 갖추었고, 보살의 지혜를 증득해 들어가 모든 부처님의 가장 훌륭한 보리를 성취하였으며, 열반에 든 뒤에 사리를 나누어 공양했다. 이와 같은 모든 착한 일을 내가 다 따라 기뻐하며 갈래 길에서 태(胎)·난(卵)·

---

7)　바라밀문(波羅蜜門): 바라밀의 법문. 즉 도를 말함. 바라밀은 미(迷)인 이 언덕에서 깨침인 저 언덕에 이른다는 뜻이니 보살이 닦는 행(行)을 말함. 육바라밀·십바라밀·사바라밀 등이 있음.

습(濕)·화(化) 네 가지로 생겨난 중생들이 짓
는 털끝만한 공덕일지라도 모두 같이 기뻐한
다. 시방삼세의 일체 성문과 벽지불[8] 배우는
이나 더 이상 배울 것이 없는 이의 모든 공덕
도 내가 함께 기뻐하며, 모든 보살들이 행하
기 어려운 고행을 하면서 가장 높은 진리를
구하던 그 넓고 큰 공덕 또한 내가 모두 함
께 기뻐한다.

　이와 같이 하여 허공계가 다하고 중생계가
다하고 중생의 업이 다하고 중생의 번뇌가
다하여도 나의 이 함께 기뻐함은 다하지 않
는다 했다. 이처럼 생각이 순간마다 계속 되
어 끊임없어도 몸과 말과 뜻으로 짓는 일에

---

8)　벽지불(辟支佛): 독각(獨覺)이라고도 함. 부처님의 가르
　　침에 의지하지 않고 스스로 도를 깨치고 설법이나 교화
　　를 하지 않음. 성문(聲聞)과 더불어 이승(二乘)의 하나.

지치거나 싫어함이 없다.

선남자여, 또한 설법해 주기를 청한다는 것은 무엇인가.

온 법계·허공계·시방삼세 불국토의 아주 작아 미미한 것에도 각각 수많은 부처님 세계가 있으니, 이 낱낱 세계에서 잠깐 동안에 수없이 많은 부처님들에게서 바른 깨달음을 이루시고 여러 보살들에 둘러싸여 계신다. 그 때 내가 그 모든 부처님께 몸과 말과 뜻의 여러 가지 방편으로 설법해주시기를 청하는 것이다.

이와 같이 하여 허공계가 다하고 중생계가 다하고 중생의 업이 다하고 중생의 번뇌가 다해도 내가 모든 부처님께 항상 바른 법설하여 주시기를 청하는 것은 다함이 없을 것이다. 이처럼 생각이 순간마다 계속되어 끊임없어도 몸과 말과 뜻으로 짓는 일에 지치거나 싫어함이 없다.

선남자여, 부처님께 이 세상에 오래 계시기를 청한다는 것은 무엇인가.

온 법계·허공계·시방삼세 모든 불국토의 수많은 부처님께서 장차 열반에 드시려 하거나 또는 모든 보살과 성문·연각[9]의 배우는 이와 더 배울 것이 없는 이와 모든 선지식들에게 두루 청하길 '열반에 들지 말고 수없이 오랜 세월이 지나도록 세상에 머물면서 일체중생을 이롭게 해 주소서'하는 것이다.

이와 같이 하여 허공계가 다하고 중생계

---

9) 성문(聲聞)·연각(緣覺): 성문은 소리를 듣는 사람이란 뜻으로 제자라고도 번역. 부처님의 말씀을 듣고 깨닫는 것을 가리킴. 성문·연각은 성문과 연각 이승(二乘)을 말함.

가 다하고 중생의 업이 다하고 중생의 번뇌
가 다해도 나의 이 권청은 다하지 않는다.
이처럼 생각이 순간마다 계속되어 끊임없
어도 몸과 말과 뜻으로 짓는 일에 지치거나
싫어함이 없다.

　선남자여, 항상 부처님을 본받아 배운다
는 것은 무엇인가.

　이 사바세계[10]에 오시기까지 법신인 부처
님께서 처음 발심한 때로부터 정진하여 물
러나지 않으시고 수없이 많은 몸과 목숨을
보시하고 살갗을 벗겨 종이를 삼고 뼈를 쪼
개 붓을 삼고 피를 뽑아 먹물을 삼아서 경전
쓰기를 수미산만큼 하였다. 부처님은 법을
소중히 여기셨기 때문에 목숨도 아끼지 않
았는데, 하물며 왕의 자리나 도시나 시골이

---

10) 사바세계(娑婆世界): 중생들이 사는 세계.

나 궁전이나 정원 등의 일체 소유와 갖가지 하기 어려운 고행인들 무슨 문제가 될 수 있 겠느냐. 보리수 아래에서 깨달음을 이루던 일이나 여러 가지 신통을 보이고 변화를 일 으키며, 많은 대중이 모인 곳에서 여래의 화 신(化身)을 나타내기도 하였다. 여러 보살이 모인 도량이나 혹은 성문과 벽지불이 모인 도량, 전륜성왕과 작은 나라의 왕과 그 권속 들이 모인 도량, 혹은 찰제리 · 바라문 · 부 호 · 거사들이 모인 도량, 심지어 천(天) 용(龍) 등 팔부신중과 사람과 사람 아닌 것 등이 모 인 도량에서 우레와 같은 음성으로 법을 설 하여 그들의 소원에 따라 중생을 성숙시키 고 열반에 드셨다. 이와 같은 일들을 모두 내 가 다 본받아 배운다. 지금의 부처님이신 비 로자나불과 같이 하는 것이다.

이처럼 온 법계 · 허공계 · 시방삼세 모든 불국토의 부처님들의 자취도 본받아 배운다.

　이와 같이 하여 허공계가 다하고 중생계가 다하고 중생의 업이 다하고 중생의 번뇌가 다해도 나의 이 본받아 배우는 일은 다함이 없을 것이다. 이처럼 생각이 순간마다 계속되어 끊임없어도 몸과 말과 뜻으로 짓는 일에 지치거나 싫어함이 없다.

　선남자여, 항상 중생의 뜻에 따른다는 것은 무엇인가.

　온 법계 · 허공계 · 시방삼세에 있는 중생들이 여러 가지 차별이 있어 알에서 나고, 태(胎)나 습기에서 나고, 화에서 나기도 하는데, 그들은 땅과 물과 바람에 의지하여 살기도 하고 혹은 허공이나 풀과 나무에 의지

하여 살기도 한다. 여러 가지 생류(生類)와 여러 가지 몸과 형상·모양·수명·종족·이름·심성·지견·욕망·뜻·행동·의복·음식 등으로 살아간다. 여러 마을과 성읍, 혹은 궁전에서 살기도 하며 그들은 또 천·용 등 팔부신중과 사람과 사람 아닌 것들이기도 하다. 발 없는 것, 두 발가진 것, 네 발가진 것, 여러 발가진 것, 형체 있는 것, 형체 없는 것, 생각 있는 것, 생각 없는 것, 생각 있는 것도 생각 없는 것도 아닌 것 등 이러한 여러 가지 중생들에게 내가 여러 가지로 따르고 섬기며 공양하기를 마치 부모와 같이 하고 스승이나 아라한이나 부처님과 조금도 다름없이 받든다. 병든 이에게는 어진 의사가 되어 주고, 길 잃은 이에게는 바른 길을 가리켜 주며, 어두운 밤에는 등불이 되고, 가난한 이에게는 재물을 얻게 한다. 이와 같이 보살이 평등하게 모든 중생을 이롭게 한다. 왜냐하면, 보살이 중생을 따르는 것은 곧 모든 부처님을 따르며 공양하는 것이 되고, 중생을 존중히 받들어 섬기는 것이 곧 부처님을 존중히 받들어 섬김이 되며, 중생을 기쁘게 하는 것은 곧 부처님을 기쁘게 하는 일이 된다. 모든 부처님께서는 자비심으로 근본을 삼기 때문이다. 중생으로 인하여 큰 자비심을 일으키고 자비심으로 인해 보리심을 내고 보리심으로 인해 깨달음을 이루는 것이다. 그것은 마치 넓은 벌판의 모래밭 가운데 서 있는 큰 나무의 뿌리가 물을 만나면 가지와 잎과 꽃과 열매가 모두 무성하듯이 생사광야의 보리수도 이와 같다. 즉 모든 중생으로 나무뿌리를 삼고 부처님이나 보살들은 꽃과 열매를 삼아 자비의 물로 중생을 이롭게 하면 지혜의 꽃과 열매를 맺게 된다. 왜냐하면 보살이 자비의 물로 중생을 이롭게 하면 곧 위없는 깨달음을 성취하는 까닭이다. 그러므로 보리는 중생에게 달린 것이며, 중생이 없다면 모든 보살은 끝내 깨달음을 이루지 못할 것이다.

선남자여, 그대는 이 이치를 분명히 알아야 한다. 중생에게 마음을 평등히 함으로써 능히 원만한 자비를 성취하고 자비심으로 중생을 따름으로써 곧 부처님께 공양을 드리는 것이다.

보살이 이와 같이 중생을 따라주어야 한다. 허공계가 다하고 중생계가 다하고 중생의 업이 다하고 중생의 번뇌가 다해도 나의 따르는 일은 다함이 없을 것이다. 이처럼 생각이 순간마다 계속되어 끊임없어도 몸과 말과 뜻으로 짓는 일에 지치거나 싫어함이 없다.

선남자여, 지은 공덕을 모두 다 돌려준다는 것은 무슨 뜻인가.

처음 부처님께 예배하고 공경하는 것으로부터 중생을 따르기까지의 그 모든 공덕을 온 법계·허공계의 모든 중생에게 남김없이 돌려보내어 중생으로 하여금 항상 안락하고 모든 병고가 없게 한다. 나쁜 짓은 하나도 이루어지지 않고 착한 일은 모두 다 속히 성취되며, 온갖 나쁜 길의 문은 닫아버리고 인간이나 천상에나 열반에 이르는 바른 길은 활짝 열어 보인다. 모든 중생이 쌓아온 모든 악업으로 인하여 얻게되는 온갖 무거운 고통의 과보를 내가 대신 받으며,

그 중생이 모두 다 해탈을 얻고 마침내 더없이 훌륭한 보리를 성취하게 하는 것이다.

보살이 이와 같이 그 닦은 공덕을 모두 다 돌려준다. 허공계가 다하고 중생계가 다하고 중생의 업이 다하고 중생의 번뇌가 다해도 나의 이 돌려줌은 다하지 않을 것이다. 이처럼 생각이 순간마다 계속되어 끊임없어도 몸과 말과 뜻으로 짓는 일에 지치거나 싫어함이 없다.

선남자여, 이것으로 보살의 열 가지 큰 서원이 원만하게 갖추어진 셈이다. 만일 모든 보살들이 큰 서원을 따라 나아가면 능히 모든 중생을 성숙시키고 위없는 깨달음에 이르게 되며 보현보살의 모든 행원과 원력을 성취하게 될 것이다. 그러므로 선남자여, 그대는 이러한 이치를 분명히 알아야 한다.

만일 선남자, 선여인이 시방세계에 가득
한 한량없고 끝이 없어 이루다 말할 수 없는
부처님 세계에 가득 찬 가장 좋은 칠보와 또
인간과 천상에서 가장 훌륭한 안락으로써
모든 세계에 있는 중생들에게 보시하고 모
든 세계의 부처님과 보살들에게 공양하기
를 무량겁이 지나도록 계속하여 그치지 않
는 그 공덕과 또 어떤 사람이 이 열 가지 원
을 잠깐 동안 듣고 얻은 공덕을 비교한다면
앞의 공덕은 뒤의 것의 백분의 일도 되지 못
하고, 천분의 일에도 미치지 못할 것이며 우
바니사타분의 일에도 미치지 못하느니라.

　또 어떤 사람이 깊은 신심으로 이 열 가지
원을 받아 지녀 읽고 외우거나 한 게송만이
라도 베껴 쓴다면, 무간지옥에 떨어질 죄라
도 즉시 소멸되고 이 세상에서 받은 몸과 마

음의 모든 병과 모든 고뇌와 아주 작은 악업까지라도 모두 다 소멸될 것이다. 또한 온갖 마군과 야차[11]와 나찰[12] 등 피를 빨고, 살을 먹는 몹쓸 귀신들이 다 멀리 달아나거나 혹 착한 마음을 내어 가까이 와서 수호할 것이다. 그러므로 이 보현의 원을 몸소 행하는 사람은 어떤 세상을 다니더라도 마치 달이 구름에서 벗어나듯 조금도 거리낌이 없을 것이다.

또한 모든 부처님과 보살들이 칭찬하고, 모든 인간들과 천상 사람이 다 예배하고 공경하며 모든 중생이 두루 공경할 것이다. 그

11) 야차(夜叉): 팔부중의 하나로 큰 위세와 힘이 있으며 나찰과 함께 비사문천왕의 권속으로 북방을 지킴. 천(天)야차 · 지(地)야차 · 허공야차 등 3종이 있음.
12) 나찰(羅刹): 사람의 살과 피를 먹고 살며 공중을 날아 다니기도 하는 극히 포악한 귀신.

와 같은 선남자는 훌륭한 사람 몸을 받아서 보현보살의 모든 공덕을 원만히 갖추고 오래지 않아 보현보살과 같은 미묘한 몸을 성취하여, 32가지 대장부다운 모습을 갖출 것이다. 만약 인간이 천상에 태어나면 나는 곳마다 항상 좋은 가문에 태어날 것이고 능히 모든 악한 길을 깨뜨리고 나쁜 친구를 멀리하고, 외도(外道)를 다스리며 온갖 번뇌에서 해탈하여 마치 사자가 짐승들을 굴복시키는 것같이 할 것이며 모든 중생의 공양을 받을 것이다. 또 이 사람이 목숨을 마치는 마지막 찰나에 모든 육신은 다 흩어지고 친척과 권속들은 다 버리고 떠나게 되며, 모든 위엄과 세력도 다 사라지고 정승 대신과 궁성 안팎과 코끼리·말·수레와 보배와 재물들은 하나도 따라오지 못하지만 오직 이 열 가지 서원만은 떠나지 않고 항상 앞길을 인도하여 한 찰나 사이에 극락세계에 왕생하게 될 것이다. 왕생해서는 곧 아미타불과 문수사리보살·보현보살·관자재보살·미륵보살 등을 친견할 것이며 이 모든 보살들은 모습이 단정하고 공덕이 원만하여 함께 아미타불 곁에 둘러앉아 있을 것이다. 그때 그는 스스로가 연꽃 위에 나서 부처님으로부터 내생에 어떻게 될 것이라는 수기를 받게 될 것이다. 수기를 받고는 무수한 세월을 지나면서 널리 사방에 다니며 지혜의 힘으로 중생들의 마음을 따라 이롭게 할 것이다. 또한 오래지 않아 보리도량에 앉아서 마군을 항복받고 정각(正覺)을 이룰 것이며, 법문을 설하여 수없이 많은 중생으로 하여금 보리심을 내게 하고 그 근기와 성품에 따라

교화하여 성숙시키며 앞으로 오는 세상이
다하도록 널리 모든 중생을 이롭게 할 것이
다.

　선남자여, 저 모든 중생들이 이 열 가지
원을 듣고 믿고 다시 받아 지녀 읽고 외우고
남을 위해 설한다면 그가 지은 공덕은 부처
님을 제외하고는 아무도 모를 것이다. 그러
므로 그대들은 이 원을 듣고 의심을 내지 말
아라. 마땅히 지성으로 받아 지녀서 읽고 외
우며, 외우고는 베껴 써서 널리 남에게 말하
여라. 이런 사람들은 한 생각 동안에 모든
행원을 다 성취할 것이며 그 얻는 복덕은 한
량이 없고 끝이 없어 능히 번뇌의 고통의 바
다에 빠진 중생들을 건져내어 마침내 생사
에서 벗어나 아미타불의 극락세계에 왕생
하게 될 것이다.”

그 때에 보현보살은 이 뜻을 거듭 펴기 위해 널리 시방세계를 두루 살피면서 게송을 설하셨다.

끝이 없는 시방세계 가운데
과거·현재·미래의 부처님들께
나의 청정한 몸과 말과 뜻으로
빠짐없이 두루 예배하오니

보현보살의 행과 원의 큰 힘으로
한량없는 부처님 앞에 나아가
한 몸으로 무수히 몸을 나투어
수없는 부처님께 예배합니다.

헤아릴 수 없이 수많은 부처님들
보살들 모인 가운데 각각 계시고

끝없는 법계의 티끌 속도 그와 같아서
부처님이 충만하심 깊이 믿으며

저마다 갖가지 음성으로써
다함없는 묘한 말씀 널리 펴내어
오는 세상 세월이 다할 때까지
부처님의 깊은 공덕 찬탄합니다.

아름답기 으뜸가는 온갖 꽃다래
좋은 음악 좋은 향수 좋은 일산들
이와 같이 훌륭한 장신구로써
시방삼세 부처님께 공양하오며

으뜸가는 좋은 의복 좋은 향들과
가루향과 사르는 향 등과 촛불을
하나하나 수미산과 같이 모아서

한량없는 부처님께 공양하오며

넓고 크고 지혜로운 이 마음으로
시방삼세 부처님을 깊이 믿어서
보현보살의 행과 원의 큰 힘으로
한량없는 부처님께 공양합니다.

지난 세상 내가 지은 모든 악업은
화 잘 내고 욕심 많고 어리석은 탓
몸과 말과 뜻으로 지었음이니
내가 이제 남김없이 참회합니다.

시방삼세 여러 종류 모든 중생과
성문 연각 배우는 이, 다 배운 이
모든 부처님과 보살의 온갖 공덕을
지성으로 받들어서 기뻐합니다.

시방세계 두루 비추시는 등불로
맨 처음 보리를 이루신 이께
위없는 묘한 법문 설해 달라고
내가 이제 지성으로 권하옵니다.

부처님이 열반에 드시려 할 때
오래 오래 이 세상에 머무르시어
모든 중생 건져내어 즐겁게 하길
모든 지성 기울여서 권하옵니다.

예경하고 찬탄하고 공양한 복덕
오래 계서 법문하심 청하온 공덕
기뻐하고 참회한 온갖 선근을
중생들과 보리도에 되돌립니다.

내가 여러 부처님을 따라 배우고

보현보살 원만한 행을 닦아 익혀서
지난 세상 시방세계 부처님들과
지금 계신 부처님께 공양하오며

여러 가지 즐거움이 원만하도록
오는 세상 부처님께 공양하옵고
삼세의 부처님을 따라 배워서
무상보리 성취하기 원하옵니다.

끝없는 시방삼세 모든 세계를
넓고 크고 청정하게 장엄하옵고
부처님을 대중들이 둘러 모시어
큰 보리수 아래 앉아 계시니

시방세계 살고 있는 모든 중생이
근심 걱정 다 여의어 항상 즐겁고

깊고 깊은 바른 법문 공덕 받아서
온갖 번뇌 남김없이 사라지이다.

내가 보리 얻으려고 수행할 때에
나는 세상 어디에서나 숙명통 얻고
날 때마다 출가하여 계행을 닦고
깨끗하고 온전하여 새지 않으며

천신과 용왕과 야차들과 구반다들과
사람들과 사람 아닌 것들에까지
그들이 쓰고 있는 여러 말로써
갖가지 음성으로 설법하였네.

청정한 바라밀을 힘써 닦아
어느 때나 보리심을 잊지 않았고
번뇌업장 남김없이 멸해 버리고

여러 가지 묘한 행을 성취하오며

연꽃 잎에 물방울이 붙지 않듯
해와 달이 허공에 머물지 않듯
모든 번뇌 모든 업 마군의 경계
세간 그 속에서 해탈 얻으니

일체악도(惡道) 온갖 고통 모두 없애고
중생에게 즐거움을 고루 주기를
끝없는 세월 다하도록 쉬지 않으며
시방중생 이롭게 함 한량없으리.

어느 때나 중생들을 따르리니
오는 세상 모든 세월 다할 때까지
보현보살 넓고 큰 행으로 항상 닦아서
위없는 보리도를 성취하리라.

나와 함께 보현행을 닦는 이들은
날 적마다 같은 곳에 함께 모이어
몸과 말과 뜻으로 하는 일 모두 같고
모든 수행 서원을 다 같이 닦으며

바른 길로 나를 돕는 선지식들도
우리에게 보현행을 일러주시고
어느 때나 나와 함께 모여서
즐거운 맘 내시기를 원하옵니다.

바라건대 부처님을 만나 뵈올 때
보살들에 둘러싸여 계심을 항상 뵈옵고
광대하온 좋은 공양 항상 올리고
오는 세상 다하도록 지칠 줄 몰라

부처님의 묘한 법을 모두 지니고

일체의 보리행을 빛나게 하며
청정한 보현의 도 항상 닦아서
오는 세상 다하도록 익혀지이다.

시방법계 모든 곳에 두루 다니며
내가 지은 복과 지혜 다함이 없고
선정·지혜 모든 방편 해탈삼매로
그지없는 모든 공덕 모두 이루리.

한 티끌 가운데 수많은 세계가 있고
그 세계마다 한량없는 부처님 계시고
곳곳마다 많은 대중 모인 가운데
보리행을 연설하심 내 항상 뵙네.

끝없는 시방세계 법계 바다에
털끝만한 곳곳마다 삼세의 바다

한량없는 부처님과 많은 국토에
두루두루 오랜 세월 수행하오리.

부처님의 말씀하심 청정하셔라
한 말씀 속 여러 가지 음성 갖추고
모든 중생 뜻에 맞는 좋은 음성이
음성마다 부처님의 변재이시라.

시방세계 한량없는 부처님께서
어느 때나 그지없는 그 말씀으로
깊은 이치 묘한 법문 연설하심은
내 지혜로 깊이깊이 들어가리라.

다가오는 세상까지 깊이 들어가
오랜 세월을 다하여 한 생각 만들고
과거·현재·미래의 모든 세월을

한 생각 만드는 데로 들어가리라.

삼세의 한량없는 부처님들을
한 생각 속에서도 모두 뵈오며
부처님의 경계 속에 늘 들어감은
요술 같은 해탈의 위력이어라.

한 터럭 아주 작은 티끌 속에서
삼세의 장엄한 세계 나타나며
시방의 티끌 세계 터럭 끝마다
모두 깊이 들어가 장엄하리라.

오는 세상 두루 비출 밝은 등불들
부처되어 설법하고 교화하시며
부처님 일 마치시고 열반에 드시면
내가 두루 나아가서 섬기오리라.

재빠르게 두루 도는 신통의 힘
넓은 문에 두루 드는 대승의 힘
지혜와 행 널리 닦은 공덕의 힘
위신으로 널리 덮는 자비의 힘

깨끗하게 장엄한 복덕의 힘
집착없고 의지 없는 지혜의 힘
선정 지혜 모든 방편 위신의 힘
두루 널리 쌓아 모은 보리의 힘

모든 것을 청정케 하는 선업의 힘
온갖 번뇌 멸하는 꿋꿋한 힘
온갖 마군을 항복받는 거룩한 힘
보현행을 원만하게 닦은 힘으로

끝없는 모든 세계 청정장엄해

한량없는 모든 중생 해탈케 하며
그지없는 모든 법을 분별 잘하여
지혜바다 깊이깊이 들어가리라.

어디서나 모든 행을 청정히 닦고
가지가지 모든 원을 원만히 하며
부처님을 친히 모셔 공양하고
오랜 세월 싫증없이 수행하며

과거·현재·미래세의 모든 부처님
가장 좋은 보리 위한 행과 원을
내가 모두 공양하고 원만히 닦아
보현의 큰 행으로 도를 이루리.

온 세계 부처님의 맏아들은
그 이름하여 보현보살님

내가 이제 모든 선근 돌려주고
지혜와 행이 나도 그와 같아지이다.

몸과 말과 마음까지 늘 깨끗하고
모든 행과 세계도 그러하기를
이런 지혜 이름하여 보현이시니
바라건대 나도 그와 같아지이다.

나는 이제 거룩한 보현의 행과
문수보살 크신 서원 깨끗이 하여
저 일들 남김없이 성취하리니
오는 세상 다하도록 싫증내지 않으리.

한량없는 많은 수행 모두 닦아서
그지없는 모든 공덕 다 이루고
끝이 없는 모든 행에 머물러 있어

가지가지 신통력을 깨달으리라.

문수보살 용맹하고 크신 지혜와
보현보살 지혜의 행 사무치고자
내가 이제 모든 선근 돌려보내어
그 일들을 항상 따라 배우오리다.

삼세의 부처님들 칭찬을 하신
이와 같이 훌륭하고 크신 서원들
내가 이제 그 선근을 돌려보내어
거룩한 보현행을 얻고자 합니다.

원컨대 이 목숨 마치려 할 때
온갖 번뇌 모든 업장 없애고서
아미타 부처님을 만나 뵈옵고
머무름 없이 정토왕생하려 합니다.

내 몸이 저 세계에 가서 난 다음
그 자리서 이 큰 서원 모두 이루고
온갖 것을 남김없이 성취하여서
일체중생을 기쁘게 하리다.

저 부처님께 모인 대중 청정하여라
나는 이 때 연꽃 위에 태어나리니
아미타 부처님을 친히 뵈오면
그 자리서 보리수기 내게 주시리.

부처님의 보리수기 받들고 나서
마음대로 백억화신 나타내어
크고 넓은 시방세계 두루다니며
이 지혜로 일체중생 건지리니.

허공계와 중생계가 다하면

이내 원도 그와 함께 끝나겠지만
중생의 업과 번뇌 끝이 없으니
나의 원도 끝내 다함이 없으리.

끝없는 시방세계 가득히 쌓은
온갖 보배로써 부처님께 공양한대도
가장 좋은 기쁨으로 천상인간을
무량겁이 다하도록 보시한대도

어떤 이가 거룩한 이 서원을
한번 듣고 지성으로 믿음을 내어
무상보리 구하려고 우러른다면
그 공덕이 저 복보다 훨씬 나으리.

나쁜 벗은 언제나 멀리 여의며
영원토록 나쁜 세상 만나지 않아

아미타 부처님을 속히 뵈옵고
보현보살 좋은 서원 갖추리니

이 사람은 훌륭한 목숨을 얻고
이 사람은 날 때마다 사람 몸 받고
이 사람은 오래잖아 보현보살의
크고 넓은 행원을 성취하리라.

지난 날 어리석고 지혜 없어서
다섯 가지 무간죄를 지었더라도
보현보살 이 서원을 읽고 외우면
한 생각에 죄업이 소멸하리니.

날 때마다 훌륭한 가문 좋은 얼굴과
복과 지혜 모든 공덕 다 원만하여
마군이나 외도들이 범접하지 못하니

삼계중생 좋은 공양 받으리라.

오래잖아 보리수 아래 앉아서
여러 마군들의 항복받나니
정각을 성취하고 법을 설하여
모든 중생 빠짐없이 이익주리라.

누구든지 보현보살 이 서원을
읽고 외워 받아 지녀 말한다면
부처님이 그 과보를 아시리니
반드시 보리도를 얻게 되리라.

누구든지 보현원을 읽고 외우라
그 선근의 한 부분을 내 말하리니
한 생각에 모든 공덕 다 성취하고
중생들의 청정한 원 성취하리라.

내가 지은 거룩한 보현보살의 행
그지없이 훌륭한 복 다 돌려주어
고해에 빠진 모든 중생이
하루속히 극락정토에 어서 가소서.

　이때에 보현보살이 부처님 앞에서 이 넓고 큰 보현의 서원과 청정한 게송을 읊으시니 선재동자는 크게 기뻐하였고 여러 보살들은 모두 크게 즐거워했으며 부처님은 '그렇다, 그렇다'라고 찬탄하셨다.
　부처님이 여러 보살들과 함께 이같이 불가사의한 해탈경계의 훌륭한 법문을 연설하실 때, 문수사리보살을 비롯한 큰 보살들과 그 보살들이 성숙시킨 6천의 비구와 미륵보살을 비롯한 현세의 보살들과 무구보현보살을 비롯한 일생보처로서 관정위에 있는 큰 보살들과 시방세계에서 모인 수없이 많은 보살들과 큰 지혜를 가진 사리불, 마하목건련 등을 비롯한 큰 성문들과 인간과 천상과 세간의 모든 주인들과 하늘·용·건달바·아수라·가루라·긴나라·마후라가·인·비인 등 모든 대중들이 부처님의 말씀을 듣고 다들 크게 기뻐하면서 믿고 받들며 그렇게 행하였다.

관세음보문품

그때 무진의보살[13]이 자리에서 일어나 오른쪽 어깨를 드러내고, 부처님께 합장하고 여쭈었다.

　"부처님이시여! 관세음보살[14]은 무슨 인연으로 관세음이라 합니까?"

　부처님께서 무진의 보살에게 말씀하셨

---

13) 무진의보살: 10항하사 미진세계를 지나면 동방에 불현세계가 있다고 하는데, 이곳은 보살만이 사는 곳임. 보현여래가 부처님으로 계신 이곳에서 사는 보살이 무진의 보살임.

14) 관세음보살: 대자대비를 근본 서원으로 하는 보살.《무량수경》에 의하면 이 보살은 미타삼존의 하나로 아미타불의 왼쪽 보처로서 아미타 부처님의 교화를 돕고 있음. 관세음이란 세간의 음성을 관하는 이란 뜻으로 사바세계의 중생이 괴로울 때, 그 이름을 일심으로 부르면 그 음성을 듣고 곧 구제한다고 함.

다.

"선남자여! 수없이 많은 중생이 온갖 괴로움에서 벗어날 수 없을 때, 관세음보살의 이름을 듣고 한 마음으로 관세음보살을 부른다면 관세음보살은 그 소리를 들으시고 괴로움에 빠진 중생을 모든 괴로움으로부터 벗어나게 한다.

만약 관세음보살의 이름을 지니는 이가 활활 타는 뜨거운 불길에 갇힌다 해도 불은 그 사람을 태우지 못한다. 그 까닭은 관세음보살의 위신력 때문이다.

또 큰 물길에 빠져 떠내려 간다고해도 관세음보살의 이름을 부르면 그 사람은 곧 안전한 땅에 이르게 될 것이다.

또 수많은 중생이 금·은·유리·자거·마노·산호·호박·진주·갖가지 보배를

구하려고 망망한 바다에 들어갔을 때 폭풍
이 일어 그들이 탄 배를 악귀들의 땅에 이르
게 할지라도 그 중 단 한 사람이라도 관세음
보살의 이름을 부른다면, 모든 사람들이 다
악귀의 재난으로부터 벗어날 수 있다. 바로
이러한 까닭으로 중생들은 관세음보살을
부르는 것이다.

또 어떤 사람이 만일 흉기로 해를 입게 되
었을 때 관세음보살을 간절히 부르면 흉기
는 산산이 부서져 그 사람은 흉기의 해로부
터 벗어날 것이다.

또 삼천대천국토에 가득 찬 야차와 나찰[15]
들이 사람들을 괴롭혀도 관세음보살을 부르
는 소리를 들으면 이 악귀들은 오히려 사나
운 눈길을 거둘 것이다.

---

15) 아차, 나찰: 악귀들의 이름.

그런데 하물며 해를 입히겠느냐.

또 어떤 사람이 죄가 있거나 없거나 간에 손발이 묶이고 몸이 갇혀 있다해도 관세음보살을 찾는다면 그는 수갑과 족쇄가 풀리고 묶인 것으로부터 벗어나게 된다.

또 삼천대천세계에 흉악한 마음을 가진 도적들이 가득 찬 길을 상인의 무리가 귀한 보물을 실은 채 지나가고 있었다. 그 중 어떤 사람이 이렇게 말했다.

'벗들이여! 두려워하지 말고 한 마음으로 관세음보살을 부르라. 관세음보살이 우리들에게 모든 두려움을 거두어 주리니 우리들이 그 거룩한 이름만 부르면, 이 무시무시한 도적들로부터 벗어나게 되리라.'

이 말을 들은 상인의 무리들이 소리 높여 관세음보살을 부른 까닭으로 그들은 모두 도적들의 위협에서 무사하게 빠져나왔다.

무진의보살이여! 관세음보살마하살의 위신력은 이처럼 거룩하시다.

만일 어떤 사람이 음욕이 많더라도 항상 관세음보살을 생각하고 공경하면 그는 곧 음욕에서 벗어날 수 있다.

또 남을 미워하고 성내는 마음이 많은 사람도 관세음보살을 생각하고 공경하면 성내고 미워하는 마음을 버릴 수 있다.

또 항상 어리석은 사람이라도 늘 관세음보살을 생각하고 공경하면 캄캄한 어리석음을 거둘 수 있다.

무진의보살이여! 관세음보살에겐 이처럼 크고 거룩한 힘이 있어 모두를 유익하게 하니, 중생들은 언제나 관세음보살을 생각하여야 한다.

만약 어떤 여인이 아들을 낳고자 관세음 보살에게 예배드리고 공양한다면 그 여인 은 복덕과 지혜를 두루 갖춘 아들을 얻을 것 이다. 또 딸을 얻고자 하면 아름답고 단정한 딸을 얻을 것이니 전생에 그는 올바르게 살 았기에 모든 사람의 사랑과 존경을 받을 것 이다.

　무진의보살이여! 관세음보살은 이처럼 거룩한 힘이 있다.

　만약 어떤 사람이 관세음보살을 공경하 고 예배한다면, 그 복은 헛되지 않을 것이 다. 그런 까닭으로 모든 중생들은 마땅히 관 세음보살의 이름을 지녀 외워야 한다.

　무진의보살이여! 만약 어떤 사람이 62억 항하의 모래처럼 수많은 보살의 이름을 부 르고, 또 목숨이 다하도록 음식과 의복, 침

구와 의약으로 공양한다면, 너는 어떻게 생각하겠느냐. 이 사람의 공덕이 얼마나 많겠느냐."

무진의보살은 이렇게 대답했다.

"그 공덕은 매우 많을 것입니다."

다시 부처님께서 말씀하셨다.

"만일 어떤 사람이 관세음보살을 부르고 잠깐이라도 예배드리고 공양한다면 앞에 말한 사람과 그 복이 다를 바 없어 백천만억 겁의 오랜 세월이 흘러도 그 공덕은 그대로 남아 있다.

무진의보살이여! 관세음보살을 깨끗한 마음으로 부르면 이처럼 가이없는 복덕의 이로움을 얻는다."

무진의보살이 부처님께 여쭈었다.

"부처님, 관세음보살이 어떻게 이 사바세

계에 머무시며, 중생들을 위해 말씀하시며,
그 방편의 힘은 어떠합니까?"

부처님께서 무진의보살에게 말씀하셨다.

"선남자여! 어떤 국토의 중생이 있어 부
처님께서 직접 나투시어 제도할 자라면, 관
세음보살은 곧 부처님의 모습으로 나투시
어 가르침을 설하신다.

또 벽지불[16]의 모습으로 제도할 이에게는
벽지불의 모습으로 나투시어 가르침을 설
하신다.

또 마땅히 성문[17]의 모습으로 제도할 자
라면 성문의 모습으로 나투시어 가르침을

---

16) 벽지불(辟支佛): 스승이 없이 혼자 깨달음을 얻는 이,
　　독각이라고도 함.

17) 성문(聲聞): 소리를 듣는 사람이란 뜻으로 부처님의 제
　　자를 가리킴. 부처님의 말씀을 듣고 깨닫기 때문에 이
　　렇게 불림.

설하신다. 또 범천왕[18]의 모습으로 제도할 이에게는 범천왕의 모습으로, 제석천[19]의 모습으로 제도할 이에게는 제석천의 모습으로 나투시어 가르침을 설하신다.

또 자재천[20]의 모습으로 제도할 이에게는 자재천의 모습으로, 천대장군[21]의 모습으로 나투시어 제도할 이에게는 바로 천대장군의 모습으로 나투시어 가르침을 설하시고, 비사문[22]의 모습으로 나투시어 제도할 이에게는 비사문의 모습으로 나투시어 가

---

18) 범천왕: 색계 초선천의 왕.

19) 제석천: 욕계 6천의 하나인 도리천의 왕.

20) 자재천: 세 눈과 여덟 팔을 가진 대천세계를 주재하는 신.

21) 천대장군: 천대란, 구천 즉, 저승을 이르는데 그곳을 다스리는 장군.

22) 비사문: 다문, 보문이라 이름하는 도량 수호신. 다문천이라고도 하는데 사방중 북방의 수호와 세상 사람들에게 복을 주는 일을 한다고 함.

르침을 설하신다.

또 소왕의 모습으로 나투시어 제도할 이에게는 바로 그 모습으로 나투시어 가르침을 설하고, 마땅히 장자[23]의 모습으로 제도할 이에게는 장자의 모습으로 나투시어 가르침을 설하신다. 또 거사[24]의 모습으로 제도할 이에게는 거사의 모습으로 나투시어 가르침을 설하시고, 관리의 모습으로 나투시어 제도할 이에겐 바로 그 모습으로 나투시어 가르침을 설하신다.

---

23) 장자: 호족이나 부귀한 사람, 또는 덕행이 뛰어난 나이든 이에 대한 존칭. 일반적으로 부처님 재세시 인도에서는 좋은 집안에서 태어나 재산이 많고 덕이 높은 사람을 가리키는 말이었음.

24) 거사: 출가하지 않고 생활하면서 불교에 귀한 남자.

또 바라문[25]의 모습으로 제도할 이에게는 바라문의 모습으로 가르침을 설하신다. 또 비구·비구니·우바새·우바이의 모습으로 제도할 이에게는 그 모습으로 나투시어 가르침을 설하시고, 장자·거사·재관·바라문의 부인으로 그 모습을 나투시어 제도할 중생에게는 그 부인의 모습으로 나투시어 가르침을 설하신다.

또 어린 소년과 소녀의 모습으로 제도할 이에겐 그 모습으로 나투시어 가르침을 설하시며, 마땅히 천룡·야차와 건달바·아수라·가루라·긴나라·마후라가[26]·사람·

───────────────

25) 바라문: 인도의 기본적인 4계급 가운데 가장 높은 신분. 임금보다 윗자리에 있으며, 신의 대표자로 막강한 권위와 힘을 갖고 있음.

26) 천용·야차·건달바…: 삼도육계의 사람 아닌 모든 잡귀신이나 중생들의 이름.

사람 아닌 이들의 모습으로 제도할 이에게
는 이런 모습으로 나투시어 가르침을 설하
신다.

또 집금강신[27]의 모습으로 나투시어 제도
할 이에게는 집금강신의 모습으로 나투시
어 가르침을 설하시느니라.

무진의보살이여! 관세음보살은 이런 공
덕을 이루시고, 온갖 모습으로 이 세상 어디
에 있는 중생이든 거두어 제도하시고, 그들
을 괴로움으로부터 벗어나게 하시어 깨달
음을 얻게 하신다.

이러한 까닭으로 모든 사람들은 늘 한결같
은 마음으로 관세음보살께 공양해야 한다.

---

27) 집금강신: 손에 금강저를 들고 제석천의 궁문을 지킨
    다는 야차신. 부처님이 세상에 나타나실 때는 염부제에
    내려와 부처님을 모시고, 도량을 수호한다고 함.

이 관세음보살마하살은 두렵고 위급한 모든 어려움을 겪을지라도, 그 두려움과 위급함을 없애주실 분이라. 사바세계에서 모든 사람들이 그를 이름하여 어떤 두려움이라도 없애주시는 분, 시무외자[28]라고 한다."

무진의보살이 다시 부처님께 아뢰었다.

"부처님, 제가 바로 이 자리에서 기꺼이 관세음보살께 공양드리겠습니다."

무진의보살은 자신의 목에 걸었던 백천만 냥의 값이 나가는 아름다운 구슬을 바치고 이렇게 아뢰었다.

"어지신 이여! 올바른 법에 따라 보시하는 귀한 구슬보배를 거두어 주십시오."

이 때 관세음보살이 이를 받으시려 하지

---

28) 시무외자: 관세음보살의 별칭. 두려움을 없애주시는 분이란 뜻.

않자 무진의보살이 다시 관세음보살에게
아뢰었다.

"어지신이여! 부디 우리 중생들을 가엾게
여기시고 이것을 받아 주십시오."

이 모습을 본 부처님께서 관세음보살에
게 말씀하셨다.

"이제 마땅히 무진의보살과 사부대중과
하늘 · 용 · 야차 · 건달바 · 아수라 · 가루
라 · 긴나라 · 마후라가 · 사람 · 사람 아닌
이들은 가엾게 여기고 무진의보살이 공양
하는 귀한 구슬보배를 받으라."

이 말씀에 관세음보살은 모든 중생, 사부
대중과 팔부신중 등을 가엾게 여기고 그것
들을 받으셨다.

그리고 그 구슬과 보배를 두 몫으로 나누
어 하나는 석가모니 부처님께 바치고, 나머

지 하나는 다보불탑[29)에 바쳤다.

부처님께서는 이렇게 말씀하셨다.

"무진의보살이여! 관세음보살에겐 이처럼 자유자재한 신통력이 있어 사바세계에 머물러 계신다."

그때 무진의보살이 게송을 지어 부처님께 여쭈었다.

거룩한 모습을 두루 갖추신 부처님이시여

이제 제가 거듭 여쭈옵니다.

세상의 모든 불자들이 어떠한 까닭으로

관세음보살의 이름을 부르게 되었습니까?

---

29) 다보불탑: 다보여래의 사리탑. 부처님께서 영축산에서
    법화경을 설할 때, 다보여래의 진신사리를 모셔둔 탑이
    땅 밑에서 솟아나오고 그 탑 속에서 소리를 내어 부처
    님 설법을 찬탄하고 증명하였다 함.

거룩한 모습을 두루 갖추신 부처님께서
무진의보살에게 게송으로 답하였다.

그대는 잘 들으라.
관세음보살의 거룩한 덕행이
세상의 모든 곳에
그 거룩한 뜻을 따라 나툰다.

관세음보살의 굳은 서원은
넓고 큰 저 바다와 같고
아득한 옛적부터 미래 겁까지
헤아릴 수 없이 넓고 깊다.
천억의 수많은 부처님을 받들고 섬기기를
청정한 마음으로 다짐하며 서원하였다.

내가 이제 그대에게 대략 말하건대

관세음보살의 이름을 듣는 이나
그 모습을 보는 이가
지극한 마음으로 깊이 새기면
이 세상의 온갖 괴로움을
한 순간에 떨쳐버릴 수 있으리.

어떤 이가 해치려는 생각으로
불구덩이 속으로 밀어 넣어도
관세음보살의 거룩한 힘을 간절히 생각하면
뜨거운 불구덩이 잔잔한 연못이 되리.

망망한 바다에서 표류하다가
바다에 사는 용과 물고기, 귀신들을 만날지라도
관세음보살의 거룩한 힘을 간절히 생각하면
험한 파도의 물결도 그를 빠뜨릴 수 없으리.

수미산처럼 높고 높은 봉우리에서
떨어지더라도
관세음보살의 거룩한 힘을 간절히 생각하면
마치 저 허공에 밝은 해가 떠 있듯
변함없으리

또 나쁜 사람을 만나 쫓겨다니다
엉겁결에 깊고 험한 산 속에 떨어져도
관세음보살의 거룩한 힘을 간절히 생각하면
털끝 하나 다치지 않고
사뿐하게 걸을 수 있으리.

어쩌다 난을 만나 한없는 고통 속에
형장에 끌려가 목숨을 잃게 되더라도
관세음보살의 거룩한 힘을 간절히 생각하면
날카로운 칼날이 산산조각으로 흩어지고

옥중에 갇힌 몸이 되어
손발이 꽁꽁 묶여 있어도
관세음보살의 거룩한 힘을 간절히 생각하면
저절로 옥중에서 풀려나리.

저주하고 독약을 풀어
나를 죽이려고 하는 자 있어도
관세음보살의 거룩한 힘을 간절히 생각하면
그가 하던 저주와 독약은
오히려 그에게로 돌아가리.

모진 귀신과
사나운 짐승들을 만나 빠져 나갈 길 없어도
관세음보살의 거룩한 힘을 간절히 생각하면
감히 해치지 못하고 멀리 달아나리.

또 사나운 맹수들에 둘러싸여
날카로운 발톱과 이빨에 두렵더라도
관세음보살의 거룩한 힘을 간절히 생각하면
그 맹수들은 멀리멀리 달아나리.

독사와 살모사, 온갖 독충들이
독기를 불길처럼 활활 내뿜어도
관세음보살의 거룩한 힘을 간절히 생각하면
그 소리만 듣고도 저절로 사라지리.

우레 같은 번개와 천둥, 먹구름이
온 땅을 덮을지라도
관세음보살의 거룩한 힘을 간절히 생각하면
둥글고 밝은 해가 두둥실 떠오르리.

모든 중생들이 괴로움과 재앙을 겪고

온갖 고통이 뼛속에 사무쳐도
관세음보살의 거룩한 힘을 간절히 생각하면
이 세상의 모든 괴로움 다 거두어 주시고

신통하고 묘한 힘을 두루 갖추시어
널리 지혜의 방편으로
시방세계 중생이 사는 어디에라도
거룩하신 모습으로
나투지 않은 곳 없으리.

험하기 짝이 없는 세 가지 악취,
지옥·아귀·축생의 중생들
나고 늙고 병들어 죽는 고통
그 모든 괴로움 모두 다 거두어 주시고

참되고 깨끗하게 살펴 주시고

넓고 그윽한 지혜의 눈길로 지켜보시고
한없는 마음으로 불쌍히 여기시며
자비심으로 감싸주시니
거룩한 관세음보살의 서원.

늘 우러러 보나이다.
언제나 청정하고 거룩한 모든 광명
밝은 해처럼 거룩한 지혜로
참참한 어둠 밝혀 주시니
삼재³⁰⁾와 팔난³¹⁾은 저절로 스러지며
골고루 밝은 빛이 널리 이 땅에 비춰지이다.

---

30) 삼재: 불로 인한 재난, 물로 인한 재난, 바람으로 인한
재난.

31) 팔난: ①부처님을 못 보면, 불법을 듣지 못하는 여덟 가
지의 경계. ②8종류의 고난 (病, 王, 賊, 水, 火, 衣, 鉢,
命, 荒行) ③수계 받을 때나 자자를 행할 때 줄여서 간
단히 함을 허락하는 8종류의 어려운 일.

대비의 행원으로 계행은 우뢰 되고
마음은 자재로워 저 하늘의 구름 되어
마른 땅에 내리는 단비처럼
진리의 가르침을 설하시니
우리의 마음속에 일어나는
번뇌의 불길 다 꺼 주시느니라.

시비와 다툼으로 법정에 송사하고
총칼을 든 적군에 둘러싸여도
관세음보살의 거룩한 힘을 간절히 생각하면
그 모든 어려운 일 저절로 물러가리.

미묘한 관세음보살의 목소리
이 세상에 가득하니
세상 어떤 소리도 그를 따를 수 없으리
생각할수록 사무치는 마음 갈수록 더해지니

잠깐이라도 티끌만한 의심도 할 일 없으리.

거룩하고 청정한 관세음보살은
우리들의 번뇌와 죽음에 이르러도
능히 의지할 수 있으리
모든 공덕 두루 갖추시고
천수천안 자비의 손길로 중생을 살피시며
모든 중생을 복되게 하시니
이 세상 다 하여도 쉬지 않고 공양드리리.

이 때 지지보살[32)]이 자리에서 일어나 부처님께 아뢰었다.
 "부처님, 만약 어떤 사람이 이 관세음보

---

32) 지지보살: 보살의 이름.

살보문품의 자재하신 업인 보문[33]으로 나
투시는 신통력을 들었다면, 그 사람의 공덕
이 적지 아니함을 알겠습니다.

　다면, 그 사람의 공덕은 클 것입니다.”

　부처님께서 이 보문품을 말씀하실 때 그
자리에 모인 8만 4천 모든 중생이 다 위없
이 높고 평등한 아뇩다라삼먁삼보리심[34]을
내었다.

---

33) 보문: 모두에게 골고루 미치는 보편적인 문호. 부처님
　 의 은혜를 뜻하는 말로 무량문(無量門)이라고도 함.

34) 아뇩다라삼먁삼보리: 위없이 높고 평등 원만한 부처님
　 의 깨달음인 등정각(等正覺).

범망경보살계본

서문 **보살계본서문**

모든 불자들은 합장하고 지극한 마음으로 들으라. 내가 이제 여러 부처님께서 설하신 대계(大戒)의 서문을 설하려 한다.

대중은 고요히 듣고, 자신에게 죄가 있는 줄을 알면 마땅히 참회하여라. 참회하면 곧 안락하여 지려니와 참회하지 아니하면 죄는 더욱 깊어지게 된다. 죄가 없으면 잠자코 묵연하라. 잠잠하면 이 대중이 깨끗한 줄 알겠다. 여러 스님들과 우바새 우바이는 자세히 들어라. 부처님께서 열반하신 뒤, 상법시대[35]

---

35) 상법시대(像法時代): 3시(時)의 하나, 정법시대(正法時代)와 비슷한 시기라는 뜻. 부처님이 멸도한 뒤 5백 년(혹 1천 년)의 정법시대가 지난 뒤의 1천 년 동안, 정법시대 때는 교(敎)·행(行)·증(證)이 갖추어 있지만 상법시대 때는 교·행만 있다고 함.

에는 마땅히 바라제목차[36]를 존경하여야 한
다. 바라제목차는 곧 이 계이니, 이 계를 지
니면 어두운 곳에서 불빛을 만남과 같고, 가
난한 이가 보배를 얻음과 같고, 병난 이가 쾌
차함과 같고, 갇혔던 죄수가 풀려남과 같고,
멀리 집 떠난 이가 돌아옴과 같나니, 마땅히
알라.

　이 계는 여러분의 스승이다. 만약 부처님
께서 이 세상에 계신다 하여도 이와 다를 것
이 없다.

　죄를 두려워하는 마음을 내기는 어렵고
착한 일하려는 마음을 내기는 더욱 어렵다.
그러기 때문에 경에 말씀하시기를, '작은 죄

---

36) 바라제목차(波羅提木叉): 별해탈(別解脫)이라고 번역.
　　해탈한다는 뜻으로서 계율을 말함. 이것은 몸과 입으로
　　범한 허물을 따로따로 해탈하는 것이므로 별해탈이라
　　고 함.

라고 가벼이 여겨 아무런 재앙이 없다고 하
지 말라. 물방울은 적으나 끝내는 큰 그릇에
찬다.'고 하였다. 잠깐 동안 지은 죄라도 무
간지옥에 떨어지게 되나니, 사람의 몸을 한
번 잃으면 1만 겁을 지나도 회복하기 어렵
다. 젊은 시적이 멈추지 않음은 마치 달리는
말과 같아 빨리 사라지고, 사람의 목숨이 무
상함은 산위에서 내려붓는 폭포수보다 빠
르다. 오늘은 살았다 하나, 내일은 보증할
수가 없지 않느냐.

　모든 대중은 한결 같은 마음으로 부지런
히 정진할 것이며, 게으름을 삼갈 것이며,
해태하거나 나태하거나 잠만을 자면서 방
종하지 말라. 밤이면 마음을 다잡아 삼보를
생각하고, 헛되이 보내지 말 것이니, 고달프
게 지내어 뒤에 크게 후회하는 일이 없게 해

야 한다.

　대중은 제각기 한결 같은 마음으로 이 계
에 의하여 법답게 수행하고 마땅히 배워야
한다.

제1장 계를 설하는 이유

그 때 석가모니 부처님께서는 처음에 나타내신 연화대장세계[37]로부터 동방으로(연화대장세계의 동쪽으로부터) 오시어 천왕국에 드셔서 '마귀를 항복받아 교화하는 경(魔受化經)'을 설하셨다. 말씀을 마치시고 남섬부주 가

---

37) 연화대장세계 (蓮華臺藏世界) : 비로자나 부처님이 계신 공덕무량·광대장엄의 세계를 말함. 이 세계는 큰 연화로 되고 그 가운데 일체국(一切國)·일체물(一切物)을 모두 간직하였으므로 연화장세계라고 함. 그 세계의 형상에 대하여는 화엄경과 범망경 이 달리 설명함. 화엄경에는 세계의 맨 밑 풍륜(風輪)이 있고, 풍륜 위에 향수해(香水海)가 있고 향수해 중에 큰 연화가 나고 연화장세계는 그 속에 있어 사방이 평평하고 깨끗하고 견고하며 금강륜산(金剛輪山)이 세계를 둘렀다고 함.
범망경에는 노사나 부처님이 천 잎으로 된 연화대에 앉았는데 그 천 잎이 각각 한 세계이고 노사나 부처님으로부터 화현한 천 석가가 그 천 세계에 있고 한 세계마다 백 억 나라가 있고 한 나라에 한 석가가 있어서 보리수 아래 앉았다고 함. 이 것은 무진연기의 깊은 진리를 구체적으로 설명한 것임.

비라국에 내려와 탄생하셨다.

　"나의 어머니 이름은 마야[38]고 아버지 이름은 정반왕[39]이시며 나의 이름은 싣달다이다. 29세에 출가하여 35세에 성도[40]하니 나를 부르기를 석가모니 부처님이라 한다.

　적멸도량에서 금강화광왕좌에 앉으심으로부터 마혜수라왕천궁에 이르기까지 그 가운데서 차례로 열군데 머무시는 곳에서 설하였다."

　그 때에 부처님께서 모든 대범천왕의 그물로 된 일산을 관찰하시고 말씀하시었다.

---

38) 마야(摩耶): 싣달다의 어머니(生母). 부처님이 나신 지 7일 만에 세상을 떠나고 그 이모이며 유모인 마하파자파티 부인이 들어와 그를 대신함.

39) 정반왕(淨飯王): 가비라국의 임금이자 부처님의 아버지. 백정왕(白淨王)이라고도 함.

40) 성도(聖道): 성인의 지위에 이르는 수행. 번뇌의 더러움이 없는 무루(無漏)의 지혜.

"한량없는 세계가 저 그물구멍과 같아서 낱낱의 세계가 각각 같지 아니하여 서로 다르기 한량없다. 부처의 교법도 또한 이와 같다. 내가 이제 이 세계에 오기를 8천번이나 거듭하여 이 사바세계[41]를 위해 금강화광 왕좌로부터 마례수라 왕궁에 이르기까지 이 가운데 온갖 대중을 위한 심지법문을 간략하게 열어 보이어 마쳤다."

그리고 다시 천왕궁으로 부터 내려 와서 남섬부주의 보리수 아래 이르러, 이 땅의 일체중생과 어리석은 범부를 위해, 나의 본불이신 노사나 부처님의 마음자리 가운데, 처음 발심할 때에 항상 외웠던 한 가지 계인 광명금강보계를 설하노니 이는 여러 부처님의

---

41) 사바세계(娑婆世界): 중생들이 사는 세계.

본원이며 일체보살의 본원이며 불성[42]의
종자이다.

　일체중생이 다 불성이 있으니 일체의 뜻
과 알음알이·물질·마음과 이 생각·이
마음이 다 불성계 가운데 들어 있나니, 마땅
히 결정된 인이 항상 있으므로 마땅히 법신
이 항상 머문다.

　이와 같은 열 가지 바라제목차가 세계에
나오니 이 진리의 계(法戒)를 삼세의 일체중
생이 머리에 받쳐 이고 받들어 행할 바이다.
내가 이제 대중을 위해 무진장계품을 거듭
설하니 이것은 일체중생의 계로서 본원인
자성의 청정한 도리이니라.

---

42) 불성(佛性): 부처를 이룰 근본 성품.

내 이제 노사나 부처님 되어
연화대에 바르게 앉아
둘러싸인 천 꽃잎 위에 다시
1천 석가 부처님 나투니
한 꽃잎 위에 백억의 세계,
한 세계마다 한 석가 부처님일세.

보리수 나무 아래에서
일시에 불도를 이루었나니
이와 같은 천백억 부처님도
노사나 부처님 분신일세.
천백억 석가 부처님이
중생을 각각 이끌고
노사나 부처님 처소에 이르러
불계를 청하노니
감로의 문 크게 열리었네.

그 때에 천백억 부처님이
본 도량에 돌아가서
보리수 나무 아래 앉아 본사의 십중대계
48경계 차례로 외우시니
계는 해와 달이 같이 밝고
영락보배구슬 같이 찬란하여서
수많은 보살대중으로 인해
정각을 성취하였네.

노사나 부처님 외우신 계
나 또한 그리 외우나니
이제야 배우는 보살들아,
머리에 이고 받들어 깨끗하게 지닌 뒤에
온 누리에 널리 전하라.

분명히 듣고 바르게 외우는 이 계는

불법 중의 계율장으로서
바라제목차이니
대중은 정성으로 믿고
마음에 간직하라.
너희도 장차 성불할 것이며
나는 이미 성불했다.
마땅히 이같이 믿으면
계품이 구족하리라.

마음이 있는 모든 중생은
마땅히 다 불계에 들었으니
중생이 불계에 들면
모든 부처의 지위에 들리라.
대각한 부처님과 같은 지위에 들면
참된 불자라 하리라.
대중아, 모두 다 공경하여

지심으로 나의 계법을 들으라.

그 때 석가모니 부처님께서 보리수나무 아래 앉으셔서 위없는 깨달음을 이루시고 보살의 바라제목차를 처음으로 정하시니 이는 부모와 스승과 삼보에게 효순하는 것이며, 바른 도에 효순하는 법이다. 효순을 이름하여 계라 하고 또한 제지(制止)라고도 한다.

부처님이 입으로 한량없는 광명을 내놓으시니 이 때 백만 억의 대중들인 모든 보살과 19범천(하느님)과 육욕천자와 16대국의 왕이 합장하고 부처님께서 외우시는 부처님의 대승계를 지심으로 들었다.

부처님께서 모든 보살에게 말씀하셨다.

"내가 이제 보름마다 스스로 여러 부처님

의 법계(法戒)를 외울 것이니 처음으로 보리심을 일으킨 모든 초심보살들도 또한 외우라. 그리고 십발취보살·십장양보살·십금강보살·십지의 모든 보살들도 또한 외우라. 계의 광명이 입에서 나왔으므로 연만 있고 인은 없는 것이 아니다. 이 광명은 푸르고 누르고 붉고 희고 검은 빛이 아니며 물질도 마음도 아니고 인과의 법도 아니니, 이것은 모든 부처님의 근원이고 보살의 근원이며 대승의 모든 불자들의 근본이다. 그러므로 대중아, 모든 불자들아, 마땅히 받아 지니며 마땅히 읽고 외우고 마땅히 잘 배워야 한다.

불자들은 자세히 들으라. 이 계를 받는 이는 국왕이나 왕자나 백관이나 재상이나 비구·비구니나 18범천이나 육욕천자나 서민이거나 병신이거나 내시이거나 음란한 남자 · 음란한 여자나 종이나 팔부귀신이나 금강신이나 축생이나 내지화신인 사람(變化人)을 막론하고 법사의 말을 알아들을 수 있는 자는 누구나 다 이 계를 받아 가질 것이니, 이 계를 받으면 모두를 가장 깨끗한 이라 이름하리라."

또 부처님께서는 모든 불자에게 말씀하셨다.

"열 가지 무거운 바라제목차가 있으니 만일 보살계를 받고 이 계를 외우지 않는 자는 보살이 아니며, 불종자가 아니므로 나도 또한 이와 같이 외운다. 여러 보살들은 이미 배웠으며 또 마땅히 배울 것이며 여러 보살이 지금 배우고 있다. 이제 보살의 바라제목차의 모습을 간략히 말하였으니 마땅히

배워서 공경하는 마음으로 받아 지녀야 한
다."

제2장 십중대계(十重大戒)

1. 살생하지 말라

불자들아, 만일 너희가 직접 죽이거나, 다
른 사람을 시켜서 죽이거나, 방편[43]을 써서
죽이거나, 칭찬을 하면서 죽이게 하거나, 죽
이는 것을 보고 기뻐하거나, 주문을 외어서
죽이는 그 모든 짓을 하지 말지니, 죽이는

---

43) 방편(方便): 방(方)은 방법이고 편(便)은 편리이니 일
체중생의 기류근성(機類根性)에 계합하는 방법·수단
을 편리하게 쓰는 것. 여러 가지 기류에 대하여 방정한
이치와 교묘한 말을 하는 것. 모든 기류의 방역에 순응
하여 적당히 교화하는 편법을 쓰는 것. 중생을 제도하
기 위하여 여러 가지 수단·방법을 강구하는 것.

원인이나, 죽이는 반연이나, 죽이는 방법이
나, 죽이는 업을 지어서 생명 있는 온갖 것
을 짐짓 죽이지 말아야 한다. 보살은 항상
자비로운 마음과 효순하는 마음을 내어 일
체중생을 방편을 다해서 구원해야 할 것임
에도 불구하고 도리어 즐거운 생각과 마음
으로 거침없이 살생하는 것은 보살의 큰 죄
가 된다.

2. 주지 않는 것을 훔치지 말라

불자들아, 만일 너희가 훔치거나, 다른 사
람을 시켜서 훔치거나, 방편을 써서 훔치거
나, 주문을 외워서 훔치지 말지니, 훔치는
원인이나, 훔치는 반연이나, 훔치는 방법이
나, 훔치는 업을 지어 훔치지 말아야 한다.
귀신의 것이나, 주인이 있는 것이거나, 도둑

이 훔친 것이거나, 바늘 한 개, 풀 한 포기에 이르기까지 모든 재물을 짐짓 훔치지 말아야 한다. 보살은 항상 불성(佛性)에 효순하는 마음과 자비로운 마음을 내어, 일체중생이 복되고 즐겁도록 도와야 할 것임에도 불구하고 도리어 남의 재물을 훔치면 보살의 큰 죄가 된다.

3. 음행하지 말라

불자들아, 만일 너희가 음행하거나, 다른 사람을 시켜 음행하게 하거나, 일체여인들이 음행하지 말게 할지니, 음행하는 원인이나, 반연이나, 음행하는 방법이나, 음행하는 업을 지어 음행하지 말아야 한다.

짐승의 암컷이나, 하늘계집(天女)이나, 여자귀신을 짐짓 음행하지 말며, 제 길이 아닌 곳에서 음행하지 말아야 한다. 보살은 항상 불성에 효순하는 마음을 내어 일체중생을 구원하고 제도하여 깨끗한 법을 일러 주어야 함에도 불구하고 일체중생에게 음행할 마음을 내어, 짐승이나, 어미나, 딸이나, 자매나, 육친을 가리지 않고 음행을 하여 자비로운 마음이 없으면 보살의 큰 죄가 된다.

4. 거짓말을 하지 말라

불자들아, 만일 너희가 거짓말을 하거나, 다른 사람을 시켜서 거짓말을 하게 하거나, 방편으로라도 거짓말을 하지 말지니, 거짓말을 할 원인이나, 거짓말을 할 반연이나, 거짓말을 하지를 말아야한다. 보지 못한 것을 보았다고 하거나, 본 것을 보지 못하였다고 해서, 몸이나 마음으로 거짓말을 하지 말

라. 보살은 바른 말을 하고 바른 소견을 가
져야 하며, 일제중생들로 하여금 바른 말을
하게하고, 바른 소견을 갖게 해야 함에도 불
구하고 도리어 일체중생에게 삿된 말과 삿
된 소견과 삿된 업을 짓게 하는 것은 보살의
큰 죄가 된다.

5. 술을 팔지 말라

불자들아, 만일 너희가 술을 팔거나, 다른
사람을 시켜서도 팔지 말지니, 술을 파는 원
인이나, 술을 파는 반연이나, 술을 파는 방
법이나, 술을 파는 업을 지어 어떠한 술일지
라도 팔지 말아라.

술은 죄를 저지르는 인연이 된다. 보살은
항상 일체중생으로 하여금 밝게 아는 지혜
를 내도록 해야 함에도 불구하고 도리어 일

체중생으로 하여금 전도[44]된 마음을 내게
하면 보살의 큰 죄가 된다.

6. 사부대중의 허물을 말하지 말라

불자들아, 만일 너희가 출가한 보살이나,
집에 있는 보살이나, 비구나, 비구니의 허물
을 자기 입으로 말하거나, 다른 사람을 시켜
서 말하게 하지 말지니, 허물을 말하는 원인
이나, 허물을 말하는 반연이나, 허물을 말하
는 방법이나, 허물을 말하는 업을 짓지 말
라. 보살은 외도나 나쁜 사람들이 불법에 대
하여 법답지 못한 일과 계율을 어기는 일을
말하면 항상 자비로운 마음으로 이 나쁜 사
람들을 교화하여 대승에 대한 신심을 내도

---

44) 전도(顚倒): 바른 도리에 어긋나고 진리에 어두워 번뇌
   에 시달리며 사는 중생의 경계.

록 해야함에도 불구하고 도리어 불법에 대한 죄과를 말하면 보살의 큰 죄가 된다.

7. 자기를 칭찬하지 말며, 남을 비방하지 말라

불자들아, 만일 너희가 자기를 칭찬하지 말고, 남을 비방하지 말며, 다른 사람을 시켜서 자기를 칭찬하도록 하지 말며, 남을 비방하는 원인이나, 비방하는 반연이나, 비방하는 업도 짓지 말아야한다. 보살은 일체중생을 대신하여 남의 비방을 받고, 나쁜 일은 자기에게 돌리고, 좋은 일은 남에게 돌려야함에도 불구하고 도리어 자기의 공덕을 드러내고, 남의 착한 일을 숨겨, 다른 사람으로 하여금 비방을 받게 하면 보살의 큰 죄가된다.

8. 자기 것을 아끼려고 남을 욕하지 말라

불자들아, 너희는 인색하지 말며, 남을 인색하도록 가르치지도 말지니, 인색(吝嗇)한 원인이나, 인색한 반연이나, 인색한 방법이나, 인색한 업도 짓지 말아야 한다. 보살은 가난한 사람이 와서 구걸하면 그가 요구하는 모든 것을 주어야 함에도 불구하고 보살이 나쁜 마음과 성낸 마음으로 한 푼의 돈과 한 개의 바늘과 한 줄기의 풀도 주지 아니하고, 법을 구하는 이에게 한 구절의 법문과 한마디의 말도 약간의 법도 일러주지 아니하고, 도리어 나쁜 게송과 말을 하면 보살의 큰 죄가 된다.

9. 성내지 말고, 참회하면 잘 받아 주어라

불자들아, 너희는 스스로 성내지 말고, 남

도 성내게 하지 말지니, 성내는 원인이나,
성내는 반연이나, 성내는 방법이나, 성내는
업을 짓지 말아야 한다. 보살은 중생을 착하
게 대하여 다투지 말며, 항상 자비로운 마음
과 효순하는 마음을 내어야 할 것임에도 불
구하고 도리어 일체중생과 마음이 없는 것
에 대해서까지 나쁜 욕설을 하고, 주먹과 몽
둥이와 칼로 때리고, 그래도 성이 풀리지 않
고, 그가 좋은 말로 참회[45]함에도 성낸 마음
을 풀지 않으면 보살의 큰 죄가 된다.

10. 삼보를 비방하지 말라

불자들아, 너희는 삼보를 비방하지 말며,

---

45) 참회(懺悔): 참은 범어 참마(懺摩)의 준 말. 회는 그 번
역. 범어와 한문을 아울러 쓴 말. 스스로 범한 죄를 뉘
우쳐 용서를 비는 일. 불교도덕을 실천하는데 중요한
일종의 행사.

다른 사람을 시켜서도 비방하게 하지 말지니, 비방하는 원인이나, 비방하는 반연이나, 비방하는 방법이나, 비방하는 업을 짓지 말아야 한다. 보살은 외도나 나쁜 사람들이 삼보를 비방하면, 그 한 마디 말에도 3백 자루의 창으로 가슴이 찔린듯한 것이거늘, 하물며 자기의 입으로 비방하고, 믿는 마음과 불성에 효순하는 마음을 내지 않아서야 되겠느냐. 그러므로 사람과 삿된 소견을 가진 사람을 도와서 비방하면 보살의 큰 죄가 된다.

제3장 총결

배우기를 좋아하는 이들아, 이것이 보살의 열 가지 바라제목차이니, 마땅히 배울 것

이며, 이 중의 한 가지에 대해 티끌만큼이라
도 범하지 말아야 할 것이거늘, 어찌 열 가
지를 모두 범하겠느냐. 만약 이것을 범하면
현재의 몸으로 보리의 마음을 내지 못할 것
이며, 임금의 지위와 전륜왕의 지위에 있다
하더라도 그 지위를 잃을 것이며, 비구·비
구니의 신분을 잃을 것이며, 십발취와 십장
양(長養)과 십금강과 십지(十地)와 불성이 항
상 머무는 묘한 과위(果位)을 잃을 것이니라.
모든 것을 다 잃어 버리고서 삼악도[46]에 떨
어져 두 겁(劫)·세 겁 동안을 지내어도 부모
의 이름이나 삼보의 이름을 듣지 못할 것이
니, 한 가지라도 범하지 말아야 한다. 너희

---

46) 삼악도(三惡道): 또는 삼악취(三惡趣). 지옥·아귀·
　축생·죄악을 범한 결과로 태어나서 고통을 받는 무거
　운 허물.

보살들은 지금 배우고 있고, 장차도 배울 것이며, 이미 배웠으므로 이 열 가지 계를 마땅히 익혀서 공경하는 마음으로 받들어 지녀야한다.

제4장 사십팔경계(四十八輕戒)

부처님께서 말씀하시었다.

"이미 열 가지 바라제목차를 말하였으니, 이제는 마흔여덟 가지 가벼운 계를 설하리라.

1. 스승과 벗을 공경하라

불자들아, 너희가 왕위(王位)를 받을 때나, 전륜왕의 자리를 받을 때나, 벼슬자리에 나

아갈 때는 먼저 보살계를 받아야 한다. 그러면 온갖 귀신들은 임금의 몸과 벼슬아치의 몸을 수호할 것이며, 부처님들도 기뻐할 것이니라. 계를 받으면 효순하는 마음과 공경하는 마음으로 상좌(上座)와 화상[47]과 아사리[48]와 큰 스님네와 함께 공부하는 이와 지견(知見)이 같은 이와 수행이 같은 이를 보면 일어서서 맞고 예배하고 문안을 사뢰야 한다. 만약 보살이 도리어 교만한 마음과 게으른 마음과 어리석고 성내는 마음으로 일어서서 맞지 아니하고, 예배하지 아니하고, 또

---

47) 화상(和尙): 본래는 아사리와 함께 수계사(受戒師)인 스님을 말하는 것이었으나 후세에는 덕이 높은 스님을 가리키는 말이 되었음.

48) 아사리(阿闍梨): 교수(敎授)·궤범(軌範)·정행(正行)이라고 번역. 제자의 행위를 교정하며 그의 사범이 되어 지도하는 큰 스님.

자기 몸이나, 나라의 땅이나, 나라의 아들과 딸이나, 칠보 등 여러 가지 물건을 팔아서 공급하여 법답게 공양하지 아니하면 가벼운 죄가 된다.

2. 술을 마시지 말라

불자들아, 너희는 술을 마시지 말아야 한다. 술이란 허물을 짓게하는 원인이기 때문이다. 자기 손으로 술잔을 들어 다른 이에게 주어 마시게 한 탓으로 5백 세 동안 손이 없는 과보를 받을 것인데, 하물며 스스로 마셔서야 되겠느냐. 모든 사람들이 술을 마시지 않도록 해야 할 것이며, 여러 중생들도 술을 마시지 않도록 해야 함에도 불구하고 스스로 마셔서야 되겠느냐. 여러 가지 술을 마시지 말지니, 만일 짐짓 마시거나, 남으로 하여금 마시게 하면 가벼운 죄가 된다.

3. 고기를 먹지 말라

불자들아, 너희는 고기를 먹지 말지니, 어떠한 중생의 고기도 먹지 말아야 한다. 고기를 먹으면 자비의 종자가 끊어져 중생들이 보고서 도망을 한다. 그러므로 보살들은 고기를 먹지 않아야 한다. 고기를 먹으면 한량없는 죄를 짓나니, 짐짓 먹으면 가벼운 죄가 된다.

5. 5신채(五辛菜)를 먹지 말라

불자들아, 너희는 다섯 가지 맵고, 나쁜 채소를 먹지 말아야 한다. 마늘·부추·파·달래·홍거 이 다섯 가지는 어떠한 음식에도 넣어 먹지 말지니 만약 짐짓 넣어서 먹으면 가벼운 죄가 된다.

5. 계를 범한 이는 참회하게 하라

　불자들아, 너희는 중생들이 8계를 범하거나 5계(伍戒)와 십계를 범하거나, 삼보를 헐뜯거나 일곱 가지 역적의 죄를 짓거나, 팔난에 태어날 죄를 짓거나 온갖 계를 범한 사람을 보면 마땅히 참회하도록 해야 한다. 보살이 이 같은 사람을 참회시키지 아니하고, 함께 있으면서 이양(利養)을 같이 받으면 안 된다. 또 함께 포살[49]하여 대중 가운데서 계를 말하여 주어, 그 허물을 지적해서 참회하도

---

49) 포살(捕殺): 출가한 법에는 보름마다 15일과 29일 (또는 30일)에 스님 네가 모여 《계경(戒經)》을 설하여 들으며 보름 동안 지은 죄가 있으면 참회하여 선(善)을 기르고 악(惡)을 없게 하는 의식. 또 재가자에게는 6재일(齋日)에 8계(戒)를 지니며 선을 기르고 악을 없이 하는 의식.

록 하지 않으면 가벼운 죄가 된다.

6. 법사에게 공양을 올리고 법을 청하라

불자들아, 너희는 대승의 법사와 대승을 공부하는 이와 지견이 같은 이와 수행이 같은 이가 백리, 천 리를 걸어 절이나 마을 집에 오는 것을 보면 일어서서 맞이하여 예배하고 공양하여야 한다.

매일같이 세 때를 공양하되 하루에 금 석 냥 값어치의 맛있는 온갖 음식을 차려 공양하고 앉는 상과 먹는 약 등을 법사에게 공양하며, 그 밖에 필요한 물건은 무엇이든 다 제공해야 하며, 법사에게 아침·점심·저녁으로 설법을 청하되 그 때마다 예배하고 성내거나 괴로워하지 말며 법을 위해서는 몸도 잊고서 부지런히 법을 청해야 하나니,

만약 그렇지 않으면 가벼운 죄가 된다.

7. 법문하는 곳에 가서 들으라

불자들아, 너희는 경법(經法)과 계율을 강
설하는 곳이 있거나 큰 집에서 불법을 강설
하거든 가서 들어야 한다.

새로 배우기 시작한 보살은 마땅히 경이
나 율의 책을 가지고 법사에게 가서 듣고 물
어야 한다. 만약 숲과 나무 아래와 절 등 불
법을 설하는 모든 곳을 찾아가 듣고 묻지 않
으면 가벼운 죄가 된다.

8. 대승경과 율을 잘못 알지 말라.

불자들아, 너희는 항상 머물고 있는 대승
의 경과 율을 잘 알지 못하여 부처님의 말씀
이 아니라하고, 이승과 성문의 경과 율과 그

리고 외도의 나쁜 소견으로 지은 금계[50]와 삿된 소견에서 나온 주장을 따르면 가벼운 죄가 된다.

9. 병든 사람을 잘 간호하라

불자들아, 너희는 병든 사람을 보면 마땅히 부처님과 같이 공양해야 하나니, 여덟 가지 복전 가운데 첫째가 병든 사람을 간호하는 복전이다. 부모와 스님과 제자가 병들어 팔·다리와 육근이 온전치 못하고, 여러 가지 병으로 고생하는 이들을 잘 낫게 해야 함에도 불구하고 보살이 미워하는 생각으로 간호하지 아니하고 절·도시·들·산·숲·길가에서 병든 사람을 보고도 구원하지 아니하면 가벼운 죄가 된다.

---

50) 금계(禁戒): 금지한 계법.

10. 살생도구를 준비해 두지 말라

불자들아, 너희는 칼과 몽둥이와 활과 창과 도끼 등 싸움에 필요한 온갖 기구를 준비해 두지 말며, 그물·올가미와 덫 등 산 것을 잡거나 죽이는 기구는 무엇이나 준비해 두지 말아야 한다. 보살은 설사 부모를 죽인 사람에게도 원수를 갚지 아니하거늘, 하물며 중생을 죽여서야 되겠느냐. 그러므로 중생을 죽이는 도구를 준비해 두지말며, 만약 짐짓 준비해두면 가벼운 죄가 된다.

이 열 가지 계를 마땅히 배우고, 공경하는 마음으로 받들어 지녀야 한다.

11. 나라의 군사사절이 되지 말라

불자들아, 너희는 이양을 구하는 나쁜 마

음으로 나라의 군사사절이 되어 싸움터에서 회의를 하거나 전쟁을 일으켜 많은 중생을 죽이지 말아야 한다. 보살은 군중(軍中)에 들어가지도 않아야 하거늘, 하물며 나라를 해롭게 하는 일을 해서야 되겠느냐. 만약 짐짓 그러한 일을 하면 가벼운 죄가 된다.

12. 나쁜 마음으로 장사하지 말라

불자들아, 너희는 양민이나 종, 그리고 여섯 가지 짐승을 사고팔지 말며, 관(棺)과 관을 만드는 판자와 시체를 담는 기구를 팔지 말라. 스스로 하지 말 것이거늘, 하물며 남을 시켜서야 되겠느냐. 만약 짐짓 자기가 팔거나 남을 시켜서 팔면 가벼운 죄가 된다.

13. 비방하지 말라

불자들아, 너희는 나쁜 마음으로 양민이나 착한 사람 · 법사 · 스님 · 임금을 이유없이 비방하여 그가 일곱 가지 역적의 죄나 열 가지 큰 죄를 지었다고 말하지 말라. 부모와 형제와 육친에 대해서도 효순하는 마음과 자비로운 생각을 가져야 할 것임에도 불구하고 해롭게 하는 일을 해서 좋지 못한 곳에 들어가게 하면 가벼운 죄가 된다.

14. 불을 놓지 말라

불자들아, 너희는 나쁜 생각으로 불을 놓아 산과 들을 태우거나 4월부터 9월 사이에 땅 위에 불을 놓거나 남의 집과 도시와 절과 전답과 숲과 그리고 귀신의 물건과 공공의 재물을 불태우지 말라. 만약 스스로 방화하면 가벼운 죄가 된다.

15. 삿된 법으로 교화하지 말라

불자들아, 너희는 부처님 제자이거나 나쁜 사람이거나 육친이거나 여러 친구를 가리지 말고 항상 대승경전과 대승계율을 가르쳐 지니게 해야 한다. 글의 뜻과 이치를 일러 주어서 그 뜻을 알게 하고 글의 뜻과 이치를 일러주어서 보리의 마음과 십발취·십장양·십금강의 마음을 내게 하며 이 같은 마음에 대해 그 차례와 법의 작용을 낱낱이 알게 해야 함에도 불구하고 만약 보살이 나쁜 마음과 미워하는 생각으로 이승·성문의 계율을 가르치거나, 외도의 삿된 소견과 학설을 가르치면 가벼운 죄가 된다.

16. 이양을 탐내지 말고 바르게 가르치라

불자들아, 너희는 마땅히 좋은 마음으로 대승의 위의(威儀)와 경과 율을 먼저 배우고, 그 뜻을 이해할 것이며 새로 발심한 보살이 백 리, 천 리를 와서 대승의 경율을 배우려 하거든, 법대로 온갖 고행(苦行)을 말하되 몸이나 팔·손가락을 태우는 것을 일러 줄 것이며, 만약 몸이나 팔·손가락을 태워 부처님께 공양하지 아니하면 발심한 보살이 아니다. 또 굶주린 범이나 이리·사자·아귀에게 까지 몸·살·손·발을 던져 주어 공양할 것을 말해주고, 그 다음에 올바른 법을 차례로 말하여 마음이 열리고, 뜻이 통하게 해야 한다.

그러나 보살이 이양을 위하여 대답할 것을 대답하지 않거나 경과 율을 뒤바뀌게 설해서 앞뒤가 틀려 삼보를 비방하게 하면 가벼운 죄가 된다.

17. 권력을 믿고서 요구하지 말라

불자들아, 음식이나 재물과 이양(利養)과 명예를 위하여 가까이 사귄 임금과 아들과 대신과 벼슬아치들의 힘을 믿고, 때리고 협박하면서 돈이나 재물을 강요하며 이익을 구하면, 이는 악한 방법으로 구하는 것이 된다. 지나치게 많이 구하거나 남을 시켜서 구할 때도 자비로운 마음과 효순하는 마음이 없으면 가벼운 죄가 된다.

18. 아는 것 없이 스승이 되지 말라

불자들아, 너희는 마땅히 열두 가지 경전을 배워야 하며 계를 외우는 사람은 날마다 여섯 번을 때 맞추어 보살계[51]를 외워야 하고, 그 뜻과 부처님의 성품까지를 잘 알아야 한다. 그러나 보살이 한 구절의 경과 한 마디의 게송조차 알지 못할 뿐 아니라 계율의 인연도 알지 못하면서 제가 아는 척하는 것은 자기와 남을 속이는 것이다. 일체법 가운데 그 하나도 모르면서 남의 스승이 되어 계를 일러주는 것은 가벼운 죄가 된다.

19. 두 가지로 말하여 이간하지 말라

불자들아, 계행을 닦는 비구가 향로를 들

---

51) 보살계(菩薩戒): 대승의 보살들이 받아 지니는 계율. 통틀어 삼취정계(三聚淨戒)를 말하는데 그 종류에는 범망위종(梵網爲宗)과 유가품승(瑜伽品承)의 두 가지가 있다. 범망위종은《범망경》에 의하여 수계하는 것으로 계상(戒相)은 섭중대계 경계로서 삼취정계의 섭률의계(攝律儀戒)에 해당하고 유가품승은《유가사지론》의 보살지품인《선계경》에 의한 것으로서 섭률의계는 소승 비구가 받아 지니는 250계를 말함.

고 보살행을 하는 것을 보고 나쁜 생각으로 이간질을 해서 싸움을 빚어내지 말지니 어진 이를 비방하고 속여서 나쁜 짓을 하면 죄가 된다.

20. 산 것은 놓아주고, 죽게 된 것은 구제하라

불자들아, 자비로운 마음으로 산 것을 놓아 주어야 한다. 온갖 남성은 모두가 나의 아버지였거나 아버지일 수 있고, 온갖 여성은 모두가 나의 어머니였거나 어머니일 수 있나니, 어느 때 날 적에는 그들에게서 났거나 날지도 모른다. 그러므로 육도 중생이 모두 나의 아버지이며 어머니이거늘, 그들을 잡아먹는 것은 곧 나의 부모를 죽이는 것이며 나의 옛 몸을 먹는 것이다. 온갖 지·수·화·풍(地水火風)의 사대는 모두가 나의 본체(本體)이니 그러므로 내가 살고자하면 항상 산 것을 놓아 주어야 한다. 세세생생(世世生生)에 몸을 받아 나는 것은 곧 내가 상주(常住)하는 법이니, 내가 죽임을 받지 않으려면 남을 시켜서도 산 것을 놓아주게 할 것이며, 사람들이 짐승을 죽이려는 것을 보면 방편을 다해서 구하여 액난을 면하게 해 줄 것이며 항상 보살계를 일러주어 교화해서 중생을 제도해야 한다. 부모와 형제의 제삿날에는 법사를 청하여 보살계와 경전을 읽어 죽은 이의 내생의 복을 빌어 부처님을 뵙고 인간과 천상에 나게 해야 한다. 만약 이와 같이 하지 않으면 가벼운 죄가 된다.

이 열 가지 계를 마땅히 배우고 마음으로 받들어 지녀야 한다.

21. 성내지 말고 때리지 말며 원수를 갚지 말라

불자들아, 마구 성내지 말며, 때리지 말라. 설사 부모나 형제와 육친을 남이 죽였다 해도 원수를 갚지 말 것이며, 임금을 남이 죽였더라도 원수를 갚지 말아야 하나니 산사람을 죽여서 원수를 갚는 것은 효도에 맞는 일이 아니다.

시종을 꾸짖고 때려 날마다 세 가지 업을 일으켜서 한량없는 죄를 짓지 말 것이거늘, 하물며 일곱 가지 역적의 죄를 지어서야 되겠느냐. 출가한 보살로서 자비한 마음이 없이 육친의 원수에 이르기까지 원수를 갚으면 가벼운 죄가 된다.

22. 교만한 생각을 버리고 법문을 청하라

불자들아, 처음 출가하여 아직 이해를 못

하면서 스스로 지혜가 총명하다고 믿거나 지위가 높고 나이가 많은 것을 믿거나 문벌이 훌륭한 것을 믿거나 복이 많고 재물이 넉넉한 것을 믿고서 교만한 생각으로 먼저 배운 법사에게 경과 계율을 배우기를 꺼려하지 말아야 한다.

법사가 비록 나이가 젊고, 문벌이 보잘 것 없고, 가난하고, 감관이 온전하지 못하더라도, 진실로 도덕이 있고 경과 율을 잘 알면 처음 배우는 보살은 이런 법사를 찾아가 그의 문벌 등을 보지 말고 제일의제[52]를 배워야 한다. 만약 그렇지 않으면 가벼운 죄가 된다.

---

52) 제일의제(第一義諦): 2제의 하나. 진제(眞諦)·성제(聖諦)·승의제(勝義諦)라고도 함. 열반·진여·실상·중도·법계·진공 등 깊고 묘한 진리를 말함. 이 진리는 법 가운데 제일이라는 뜻.

23. 새로 배우는 이를 경멸하지 말라

불자들아, 부처님께서 열반하신 뒤에 좋은 마음으로 보살계를 받으려면 불·보살의 형상 앞에서 서원을 세우고 계를 받되, 7일 동안 불·보살께 참회하여 좋은 징조가 보이면 계를 얻을 것이 된다.

만약 좋은 징조가 보이지 않으면 14일, 21일, 1년이라도 좋은 징조가 보일 때까지 참회하여야 한다. 그리하여 좋은 징조가 보이면 불·보살의 형상 앞에서 계를 받을 것이며, 좋은 징조가 보이지 않으면 불상 앞에서 계를 아무리 받아도 계를 얻은 것이 아니다.

그러나 먼저 보살계를 받은 법사에게 계를 받게 되면 좋은 징조가 필요없다. 이 법사에게서 법사에게로 서로 전하여 받은 것

이므로 좋은 징조가 필요치 않다. 그러므로
법사에게서 계를 받으면 계가 얻어지며, 계
를 소중하게 여기는 마음을 내기 때문에 계
가 얻어진다.

　만약 천 리 안에 계를 일러줄 법사가 없으
면, 불·보살의 형상 앞에서 서원을 세우고
계를 받되 좋은 징조를 보아야 한다.

　만약 법사가 경과 율과 대승법을 잘 아는
것과 임금이나 태자와 벼슬아치와 사귀고
있는 것을 빙자하여 새로 배우는 보살이 경
과 율을 묻는데 업신여기는 생각과 나쁜 생
각과 교만한 생각으로 낱낱이 잘 일러 주지
아니하면 가벼운 죄가 된다.

24. 불법을 잘 배워라

　불자들아, 부처님의 경과 율과 대승법과

바른 성품과 법신(法身)이 있음에도 불구하고 부지런히 배우지 아니하여 칠보를 버리고 이승의 아비담론⁵³⁾과 외도의 삿된 소견에서 나온 학설과 세속의 학문과 그러한 여러 가지 글을 어찌 배우겠는가.

이 같은 일은 불성을 끊는 것이며 도에 장애가 되는 인연으로 보살도를 행하는 것이 아니니 만약 짐짓 그러한 일을 하면 가벼운 죄가 된다.

25. 대중과 잘 화합하라

불자들아, 부처님께서 열반하신 뒤에 법을 말하는 주인이 되거나 법을 행하는 주인이 되거나 절의 주인이 되거나 교화하는 주인이 되거나 참선하는 주인이 되거나 나다

---

53) 아비담론(阿毘曇論): 소승법을 말함.

니는 일을 맡게 되거든 마땅히 자비로운 마음으로 다투는 것을 화해시키고 삼보의 물건을 잘 수호하여 자기의 물건과 같이 함부로 쓰지 말아야 한다.

만약 대중의 질서를 문란하게 하고 다투게 하며, 삼보의 물건을 함부로 쓰면 가벼운 죄가 된다.

26. 객승을 정성으로 대접하라

불자들아, 어느 절이 되었던지 먼저 와서 승방에 머물러 있을 때 보살이나 비구가 손님으로 오거나 집이나 도시, 임금이 지은 절과 안거(安居)하는 곳에 먼저 와서 있을 때 보살이나 비구가 손님으로 오면 먼저 와 있는 대중은 일어나 마중하여 오고 배웅해야 하며 음식을 공양하고, 방과 이부자리와 평상과 좌복 등 필요한 것을 주어야 한다. 만약 줄 물건이 없거든 자기의 몸이나 아들 · 딸의 몸이나 자기의 살을 베어 팔아서라도 제공해야 하고 공양하여야 하며, 신도가 와서 대중을 청하면 손님으로 온 스님도 공양을 받을 자격이 있으므로 손님으로 온 스님도 공양을 받도록 해야한다.

만약 먼저 있던 사람들만 초청을 받고, 손님으로 온 스님이 초청을 받지 못하게 되면 절을 맡은 스님은 한량없는 죄를 얻을 것이며 짐승과 다를 것이 없고, 사문(沙門)이 아니며 불제자가 아니니 그렇게 하면 가벼운 죄가 된다.

27. 자기만을 따로 청하는 초청을 받지 말라

불자들아, 자기만을 따로 청하는 초청을

받아 자기만의 이양을 취하지 말라. 모든 이양은 시방의 스님들과 함께 받아야 할 것이므로 혼자만의 초청을 받으면 시방의 스님들 몫을 자기 혼자서 차지하는 것이며 부처님과 성인과 여러 스님들과 아버지와 병든 이 등 여덟 가지 복전의 물건을 혼자서 수용하는 것이므로 이는 가벼운 죄가 된다.

28. 스님들을 따로 초청하지 말라

불자들아, 출가한 보살이나 집에 있는 보살이나 여러 신도들이 복전한 스님들을 초청하여 소원을 이루고자 할 때 절에 가서 소임을 가진 이에게 '저는 지금, 스님들을 초청하여 소원을 이루고자 합니다.'하면서 방법을 물으면, 소임을 가진 이는 '차례대로 스님을 초청하여야 시방의 거룩한 스님을 얻습니다.'고 대답해야 한다.

저 세상 사람들이 오백나한[54]이나 보살을 따로 청하는데 이것은 차례에 따라 한 사람의 보통 스님을 초청하는 것만 못하다. 따로 청하는 것은 외도들이 하는 법이며, 과거칠불[55]은 따로 청하는 법이 없고, 효순하는 도가 아니므로 짐짓 스님들을 따로 초청하면 가벼운 죄가 된다.

29. 나쁜 직업을 갖지 말라

불자들아, 나쁜 마음으로 이양을 위하여 남색(男色)과 여색(女色)을 팔거나, 자기 손으

---

54) 오백나한(伍百羅漢): 오백비구·오백상수라고도 함. 아라한과를 증득한 이로 존경과 공양을 받을 만한 성자.

55) 과거칠불(過去七佛): 석가모니불을 포함해서 석가 이전의 7불을 뜻함. 비바시불·시기불·비사부불·구류손불·구나함모니불·가섭불·석가모니불이 7불임.

로 음식을 만들거나, 맷돌에 갈고 방아를 찧
거나, 남녀의 상을 보고 점을 치거나, 해몽
을 하거나, 아들·딸을 예언하거나, 주문과
술법을 쓰거나, 남의 눈을 속이기 위해 재주
를 부리거나, 매를 길들이거나 하는 일을 하
지 말며, 여러 가지 독약과 금은(金銀)의 독과
벌레의 독을 만들지 말라. 이것은 자비로운
마음과 효순하는 마음이 아니므로 짐짓 범
하면 가벼운 죄가 된다.

30. 좋은 때(齋時)를 공경하라

불자들아, 나쁜 마음으로 삼보를 비방하
면서도 좋아하는 척하며, 입으로는 공(空)하
다고 말하면서 행은 유(有)에 있고, 속인들과
세속의 일을 도모하고, 속인을 위하여 남녀
를 모아서 음란한 짓을 하게 되며, 온갖 속

박을 짓고, 육재일⁵⁶⁾과 삼장재월⁵⁷⁾에 산 것
을 죽이며, 도둑질 등을 해서 재(齋)를 깨뜨
리고 계를 범하면 죄가 된다.

이 열 가지 계를 마땅히 배우고 공경하는
마음으로 받들어 지녀야 한다.

31. 값을 치르고 구해 내라

불자들아, 부처님께서 열반하신 뒤의 나
쁜 세상에서 외도와 나쁜 사람들과 도둑들

---

56) 육재일(六齋日): 매달8일의 6일. 이 6일은 사천왕이 천
    하를 순행하면서 사람의 선악을 살피는 날. 또는 악귀
    가 사람의 짬을 보는 날. 이 날에는 사람마다 몸을 조심
    하고 마음을 깨끗이 하며 지계하여야 한다고 함.

57) 삼장재월(三長齋月): 초하루부터 15일까지 8재계를 지
    키는 특정한 달로서 1월·5월·9월을 말함. 1월은 일체
    의 생명이 출현하는 첫 달이고 5월은 그 번식의 달이며
    9월은 생식의 달이므로 이 석 달을 재월이라고 함.

이 부처님과 보살과 부모의 형상을 팔고, 경전과 율문(律文)을 팔고, 비구와 비구니와 발심한 보살과 도인을 팔아 관청의 하인이 되게 하거나 사람의 종이 되게 하는 것 등을 보면 자비로운 마음을 내어 방편을 다해 구원하되 가는 곳마다 교화하여 값을 구해서 부처님의 형상과 보살과 비구와 비구니와 발심한 보살과 온갖 경전과 율문을 구해 내야 한다. 만약 그렇지 않으면 가벼운 죄가 된다.

32. 중생을 해롭게 하지 말라

불자들아, 칼과 몽둥이와 활과 살을 팔지 말며, 속이기 위한 저울과 말(斗)을 두지 말며, 관청의 세도를 믿고 남의 것을 빼앗거나 해롭게 할 생각으로 결박하거나 남의 성

공을 깨뜨리지 말며, 고양이·살쾡이·돼
지·개 따위를 기르지 말아야 한다. 짐짓 그
러한 일을 하면 가벼운 죄가 된다.

33. 나쁜 것을 보지도 말라

　불자들아, 너희는 나쁜 마음을 가지고 남
녀가 싸우는 것과 군대가 진을 치고 싸우는
것과 도둑들이 싸우는 것을 보지 말라. 또
소라를 불고 북치고 거문고를 타며 비파를
뜯고 피리를 불고 공후를 튕기면서 노래하
고 춤추고 음악하는 것을 듣거나 구경하지
말라. 또 윷놀이·바둑·장기·공놀이·주
사위놀이·제기차기·돌팔매·화살던져
넣기·말놀이·팔도행성(八道行城) 등을 하지
말라. 또 거울·갈대·버들가지·바로·해
골 등으로 점을 치지 말며, 도둑의 심부름을

하지 말라. 이러한 것들을 하나도 하지 말아야 하나니, 만약 짐짓 하면 가벼운 죄가 된다.

34. 잠깐이라도 소승(小乘)을 생각하지 말라

불자들아, 걷거나, 섰거나, 앉았거나, 눕거나, 밤낮의 여섯 때에 계를 외워 잘 지녀야 한다. 계를 지키기를 금강과 같이 해야 하며, 구명대(救命帶)를 타고 바다를 건너는 것과 같이 해야 하며, 풀에 묶였던 비구와 같이하여 항상 대승에 대한 신심을 낼 것이며 '나는 아직 이루지 못한 부처이며 부처님은 이미 이루신 부처님'이라고 알아, 보리의 마음을 내어 잠깐이라도 마음에 여의지 말아야 하느니라. 만약 잠깐이라도 이승이나 외도의 마음을 내면 가벼운 죄가 된다.

35. 큰 원(願)을 세우라

　불자들아, 너희는 마땅히 항상 부모와 스승에게 효순하기를 원하고, 좋은 스승과 도반을 만나 함께 배우되 항상 대승의 경전과 계율과 십발취와 십장양과 십금강과 십지법을 가르쳐 주어 그로 하여금 환히 알게 하고, 법대로 수행하게 하고, 부처님의 계를 굳게 지니어 차라리 몸과 목숨을 버릴지언정 잠깐 동안이라도 마음속에서 사라지지 않기를 원하는 등 일체의 원[58]을 세워야 하나니, 만약 보살이 이러한 원을 세우지 아니하면 가벼운 죄가 된다.

---

58) 원(願): 바란다는 뜻으로 바라는 것을 기어코 얻으려는 희망을 말함.

36. 서원을 세우라

불자들아, 이 열 가지 큰 원을 내고, 부처님의 계를 지니고 '차라리 이 몸을 사나운 불 속이나 깊은 함정이나 날카로운 칼날 위에 던질지언정 결코 삼세 부처님의 계를 어기어 온갖 여인들과 부정한 행위를 하지 않으리라'고 서원을 세워라.

또 '차라리 이 몸을 뜨거운 무쇠의 그물로 천 겹을 얽을지언정, 결코 파계한 몸으로는 신심이 있는 신도가 보시하는 옷을 입지 않으리라'고 서원을 세워라.

또 '차라리 이 입으로 빨갛게 타는 철환(鐵丸)과 불덩이를 백천 겁 동안 삼킬지언정, 파계한 입으로는 신심이 있는 신도의 모든 음식을 결코 먹지 않으리라'고 서원을 세워라.

또 '차라리 이 몸을 맹렬한 불의 그물로

둘러싸인 뜨거운 쇠판 위에 눕힐지언정, 파계한 몸으로는 신심이 있는 신도의 온갖 의자와 좌복을 결코 받지 않으리라'고 서원을 세워라.

또 '차라리 이 몸이 한 겁이나 두 겁 동안 3백 자루의 창에 찔리는 고통을 받을지언정, 파계한 몸으로는 신심이 있는 신도의 여러 가지 약을 결코 받지 않으리라'고 서원을 세워라.

또 '차라리 이 몸이 끓는 가마솥에 들어가서 백천 겁을 지낼지언정, 파계한 몸으로는 신심이 있는 신도가 제공하는 방과 집과 절과 숲과 땅 등 일체를 결코 받지 않으리라'고 서원을 세워라.

또 '차라리 쇠망치로 이 몸을 깨뜨려 머리에서 발끝까지 가루를 만들지언정, 파계한

몸으로는 신심이 있는 신도의 예배를 결코
받지 않으리라'고 서원을 세워라.

　또 '차라리 백천 자루의 뜨거운 칼이나 창
으로 나의 두 눈을 뽑을지언정, 파계한 마음
으로는 예쁜 모양을 결코 보지 않으리라'고
서원을 세워라.

　또 '차라리 백천 자루의 송곳으로 귀를 찌
르면서 한 겁, 두 겁을 지낼지언정, 파계한
마음으로는 아름다운 소리를 결코 듣지 않
으리라'고 서원을 세워라.

　또 '차라리 백천 자루의 칼로 코를 벨지언
정, 파계한 마음으로는 좋은 냄새를 결코 맡
지 않으리라'고 서원을 세워라.

　또 '차라리 백천 자루의 칼로 혀를 끊을지
언정, 파계한 마음으로는 결코 맛있는 음식
을 탐하지 않으리라'고 서원을 세워라.

또 '차라리 날카로운 도끼로 나의 몸을 찍을지언정, 파계한 마음으로는 결코 부드러운 감촉을 탐하지 않으리라'고 서원을 세워라.

　또 모든 중생이 다 같이 부처가 되기를 서원해야 하나니, 만약 보살이 이러한 서원을 세우지 않으면 가벼운 죄가 된다.

37. 위험한 곳에 가지 말라

　불자들아, 보살은 봄 · 가을의 두타행[59]을 할 때나 여름 · 겨울의 참선을 할 때나, 여름 안거(安居)를 할 때 등 언제나 양지(楊枝) · 비누 · 가사(袈裟) · 물병 · 바루 · 좌구 · 육환

---

59) 두타행(頭他行): 두타의 행하는 법에 12가지가 있으나 그 중에서 흔히 걸식하는 행을 말함. 두타란 번뇌 티끌을 제거하고 의 · 식 · 주를 간단히 하여 불도를 수행하는 것.

장·향로·물 거르는 주머니·수건·칼·부싯돌·쪽집개·노끈으로 된 평상·경전·율문(律文)·불상·보살상을 지녀야 한다. 보살은 두타행을 할 때나, 백 리, 천 리가 떨어진 여러 곳을 가더라도 어 열여덟 가지 물건을 지니고 다녀야 한다.

두타행을 하는 때는 정월 15일로부터 3월 30일까지와 8월 15일부터 10월 15일 사이이니, 이 두 철 동안 열여덟 가지 물건을 몸에서 떠나지 않게 하여야 하는데, 마치 새의 두 날개와 같게 해야 한다.

포살하는 날은 새로 발심한 보살에게 보름마다 포살하되, 불·보살의 형상 앞에서 열 가지 큰 계와 마흔 여덟 가지 가벼운 계를 외워야 하나니, 계를 외울 때는 반드시 불·보살의 형상 앞에서 해야 하고, 한 사람이 포살하여도 한 사람이 외우고, 두 사람, 세 사람, 백 사람, 천 사람이 포살하여도 한 사람이 외워야 하며, 외우는 이는 높은 자리에 앉고 듣는 이는 낮은 자리에 앉아야 하며, 저마다 지위에 따라 구조 · 칠조 · 오조의 가사를 입어야 하며, 여름 안거 때도 이같이 법대로 해야 한다.

두타행을 할 때는 험난한 곳에 들어가지 말아야 하나니, 나쁜 임금이 통치하는 나라의 국경이나 나쁜 임금이 통치하는 나라와 땅바닥이 고르지 않은 곳과 초목이 무성한 곳과 사자와 호랑이가 있는 곳과 물과 불과 바람의 재난이 있는 곳과 도둑이 나오는 외딴 길과 독사가 많은 곳 등 온갖 위험한 곳에는 가지 않아야 한다. 두타행을 할 때만이 아니고, 여름 안거할 때도 이와 같이 위험한

곳에는 들어가지 말아야 하며, 만약 짐짓 들
어가면 가벼운 죄가 된다.

38. 차례대로 앉으라

불자들아, 마땅히 법이 정한 대로 높고 낮
은 차례를 찾아 앉되, 먼저 계 받은 이가 위
에 앉고, 뒤에 계 받은 이는 아래에 앉아야
하느니라. 나이가 많고 적은 것을 가리지 말
고, 비구·비구니·임금·임금의 아들·내
시(內侍)·종 등은 저희끼리 모여 앉되, 저마
다 먼저 계 받은 이가 위에 앉고 뒤에 받은
이는 차례를 따라 앉아야 한다. 어리석은 외
도들과 같이 나이가 많은 사람이나 나이 적
은 사람 할 것 없이 서로 선후를 가리지 않
고, 차례를 마치 병졸이나 종들이 하는 것과
같이 하지 말라. 우리 불법에는 앞 사람이

앞에 앉고, 뒷 사람이 뒤에 앉거니, 만약 보
살이 법답게 낱낱이 차례를 찾아 앉지 아니
하면 가벼운 죄가 된다.

39. 복과 지혜를 닦으라

　불자들아, 항상 일체중생을 교화하되, 절
을 짓고, 산과 숲과 토지를 마련하고, 탑을
쌓고, 겨울과 여름안거에 참선할 곳과 도 닦
을 도량을 마련해야 한다.

　또 보살은 일체중생을 위하여 대승경전
과 대승계율을 설해야 하며 병이 유행할
때, 재난이 일어날 때, 도둑이 번성할 때, 부
모 · 형제 · 화상 · 아사리가 죽은 날과 죽은
지 7일, 14일, 내지 49일에도 대승경과 율을
읽고 설해야 한다.

　또 여러 가지 재를 차리고 복을 구할 때

나, 일상생활을 위해서나, 화재를 만나고 수재를 만나 물에 떠내려 갈 때나 배가 폭포를 만난 때나 강이나 바다에서 나찰의 난을 만났을 때에도 경과 율을 읽고 설해야 하며, 그 밖에 온갖 죄보(罪報)를 받거나 세 가지 나쁜 세계에 나고, 여덟 가지 액난을 만나고 일곱 가지 역적의 죄를 짓고, 수갑과 쇠고랑과 칼과 오랏줄에 묶이었을 때에도 경과 율을 읽고 설해야 한다.

또 음란한 마음과 성내는 마음과 어리석은 마음이 치성하고, 병이 들었을 때에도 이 경과 율을 읽어야 한다. 하물며 새로 된 보살이 그렇지 않으면 가벼운 죄가 된다. 이 아홉 가지 계를 마땅히 배우고 공경하는 마음으로 받들어 지녀야 한다.

40. 가려서 계를 일러주지 말라

불자들아, 다른 이에게 계를 일러 줄 때는 사람을 가리지 말아야 한다. 임금·임금의 아들·대신·벼슬아치·비구·비구니·남자신도·여자신도·음란한 남자·음란한 여자·18범천·육욕계천(六欲界天)의 사람·뿌리를 갖지 않은 이·뿌리를 둘 가진 이·내시·종·귀신에 이르기까지 모두가 계를 받도록 해야 한다.

몸에 입은 가사는 모든 빛깔을 합하여 본래의 빛깔을 잃게 해서 법답게 해야 하며, 푸른 빛·누른 빛·붉은 빛·검은 빛·검붉은 빛으로 물들일 것이며, 일체의 의복과 이부자리에 이르기까지 빛깔을 없앨 것이며, 옷은 모두 물을 들이되 여러 나라의 속인이 입는 옷과 비구의 옷이 다르게 하여야 한다.

보살이 계를 받고자 할 때는 법사는 마땅히 계 받는 사람에게 '그대는 현재의 몸으로 일곱 가지 역적의 죄를 짓지 아니하였는가.'고 물어야 하며, 보살계를 주는 법사는 일곱 가지 역적죄를 지은 사람에게는 계를 일러주지 않아야 한다. 일곱 가지 역적죄란 것은 부처님 몸에 피를 내게 한 것과 아버지를 죽인 것과 어머니를 죽인 것과 화상을 죽인 것과 아사리를 죽인 것과 승단의 화합을 깨뜨린 것과 성인을 죽인 것이다. 이 일곱 가지 역적죄를 지은 사람은 현재의 몸으로 계를 받을 수 없으나 그 밖의 사람은 누구나 계를 받을 수 있다.

출가한 사람은 임금에게 절하지 아니하며, 부모에게 절하지 아니하며, 육친에게 절

하지 아니하며, 귀신에게 절하지 아니해야
한다.

　법사의 말을 알아들을 수 있는 사람이 백
리, 천 리를 걸어와서 계법(戒法)을 구하는데,
법사가 나쁜 마음으로 모든 중생이 받을 수
있는 계를 일러주지 아니하면 가벼운 죄가
된다.

41. 덕없이 스승이 되지 말라

　불자들아, 사람을 교화하여 신심을 내게
하고자 할 때 보살이 계를 일러주는 법사가
되었으며, 계를 받고자 하는 사람에게 화상
과 아사리를 청(請)하도록 해야 하며, 이 두
계사(戒師)는 반드시 '그대는 계를 받을 수
없는 일곱 가지 역적죄를 짓지 않았는가'고
물어야 한다. 만약 일곱 가지 역적죄를 지었

으면 계를 일러주지 않아야 하며, 일곱 가지 죄를 짓지 않았으면 계를 일러주어야 한다.

만약 열 가지 큰 계를 범하였으면 불·보살의 형상 앞에서 참회하게 하되, 밤과 낮의 여섯때에 큰 계와 마흔 여덟 가지 가벼운 계를 외우게 하며, 삼세의 부처님께 정성을 다해 예배하여 좋은 징조가 보일 때까지 참회해야 한다.

좋은 징조란 부처님께서 정수리를 만져주시는 것이며, 광명이나 연꽃 등 기이한 일이 나타나는 것으로 이러한 일이 나타나면 죄가 소멸한 것임을 알아야 한다. 그러나 그러한 좋은 징조가 없으면 참회하여도 소용이 없으며, 그러한 사람은 현재의 몸으로는 계를 얻지 못하지만, 내생에는 계를 받을 이익을 얻게 된다.

만약 마흔 여덟 가지 가벼운 계를 범하였으면 법사에게 참회하여도 죄가 없어지나니, 계를 아주 받을 수 없는 일곱 가지 역적 죄와는 다르다.

계를 일러주려고 하는 법사는 이러한 법을 잘 알아야 하나니, 만약 대승의 경과 율가운데서 가볍고, 크고, 옳고, 그른 것을 잘 알지 못하거나 제일의제를 알지 못하거나 습종성(習種性)·장양성(長養性)·성종성(性種性)·불가괴성(不可壞性)·도종성(道種性)·정법성(正法性)과 그 가운데 들고 나는 여러 가지 관행(觀行)과 십선지(十禪支)와 온갖 수행의 법을 알지 못하고, 이러한 법들의 참뜻을 하나도 알지 못하면서 이양과 명예를 위하여 굳이 구하고 탐욕스럽게 구하며, 제자를 탐내어 모든 경과 율을 아는 척하면, 이는 공

양을 받기 위하여 자기와 남을 속이는 것이
니 짐짓 계를 일러주면 가벼운 죄가 된다.

42. 계를 받지 아니한 이에게 포살하지 말라

불자들아, 불법을 부촉받은 국왕을 제외
하고 이양을 위하여 보살계를 받지 아니한
사람과 나쁜 외도와 삿된 소견을 가진 나쁜
사람들에게는 천부처님께서 설하신 큰 계
를 설하지 말라. 이 나쁜 사람들은 부처님의
계를 받지 않았으므로 축생이라 하나니, 세
세생생에 삼보를 보지 못하며 나무와 돌같
이 마음이 없으므로 외도라 하고, 삿된 소견
을 가진 사람들이라 하며 나무토막과 다를
것이 없다. 그러므로 보살이 이러한 사람들
앞에서 과거칠불께서 가르치신 계를 포살
하면 가벼운 죄가 된다.

43. 계를 헐뜯지 말라

불자들아, 믿는 마음으로 출가하여 부처님의 옳은 계를 받고서 짐짓 생각을 내어 계를 파괴한 이는 모든 신도의 공양을 받지 못하며, 불법을 부촉받은 임금의 국토에 다니지 못하며 그 나라의 물도 마시지 못한다.

5천의 귀신들이 항상 앞을 가로막고 큰 도둑이라고 말하면서 시골의 집에 들어가거나 도시의 집에 들어가면 그 발자국을 쓸어버리고, 세상 사람들은 불법을 도둑질하는 사람이라고 꾸짖고, 온갖 중생들은 계를 깨뜨린 이 사람을 보지도 않을 것이다. 그러므로 축생과 다를 것이 없고, 나무토막과 다를 것이 없나니 만약 옳은 계를 짐짓 깨뜨리면 가벼운 죄가 된다.

44. 경율에 공경하라

불자들아, 항상 한결같은 마음으로 대승의 경과 율을 받아 지니고 읽고 외우며, 가죽을 벗겨서 종이를 삼고, 피를 뽑아 먹을 삼고, 뼛속의 기름으로 벼루의 물을 삼고, 뼈를 쪼개어 붓을 삼아서 부처님의 계를 써야 하며, 나무껍질과 종이와 비단과 흰 천과 대에 써서 지니되 칠보와 좋은 향과 온갖 보배로 주머니나 함을 만들어 경전과 율문을 담아야 한다. 이같이 법답게 공양하지 아니하면 가벼운 죄가 된다.

45. 중생을 항상 교화하라

불자들아, 항상 자비로운 마음을 일으켜 도시나 시골의 집에 들어가 온갖 중생들을 보면 '너희는 삼보에 귀의하여 열 가지 큰 계를 받으라.'고 할 것이며, 소 · 말 · 돼지 · 양 등 이 같은 짐승을 보면 '너희들 중생은 보리의 마음을 내라.'고 할 것이며, 이같이 마음으로 생각하고 또 입으로도 말해야 한다. 보살은 산과 숲과 강과 들을 갈 때, 그곳에서 여러 중생을 만나면 그들로 하여금 보리의 마음을 내도록 해야 할 것이며, 만약 중생을 교화할 생각을 내지 않으면 가벼운 죄가 된다.

46. 법을 설할 때는 위의를 지키라

불자들아, 너희는 항상 사람을 어여쁘게 여기고 교화해야 한다. 신도의 집에 들어가서 법을 설할 때, 사람들 가운데 서서 설법하지 말며, 속인들 앞에서는 반드시 높은 자리에 앉아서 법을 설해야 하며, 법사인 비구는 땅에 서서 사부대중에게 법을 설하지 말라. 법을 설할 때는 반드시 법사는 높은 자리에 앉고, 향과 꽃으로 공양하도록 해야 하며, 듣는 대중은 아래 앉되, 부모를 섬기고 스승을 공경하듯이 하여야 한다. 만약 법을 설할 때, 법답지 않으면 가벼운 죄가 된다.

47. 옳지 못한 법으로 제재를 가하지 말라

불자들아, 신심으로 계를 받은 이는 만약 임금의 아들과 벼슬아치와 사부제자들이 자기가 고귀하다고 스스로 믿고, 불법과 계를 없애기 위하여 제재를 가하고 법을 만들어 사부제자를 제한하되, 출가하여 도 닦는 것을 막거나, 불상과 탑과 경과 절을 짓지 못하게 하고 통제하는 관리를 두어 중이 되는 것을 제한하고, 승적을 만들어 스님들의 이름과 행적을 기록하고, 비구는 땅에 서고 속인은 높은 자리에 앉도록 하는 그러한 불법(不法)을 자행하거나 또는 병졸과 종처럼 다루지 말아야 한다.

보살은 마땅히 모든 사람의 공양을 받을 것이거늘, 도리어 벼슬아치의 종이 되겠느냐. 임금이나 벼슬아치들이 좋은 마음으로 부처님의 계를 받았으면 삼보를 파괴하는 죄를 범하지 말아야 한다. 만약 짐짓 불법을 파괴하면 가벼운 죄가 된다.

48. 불법을 파괴하지 말라

불자들아, 좋은 마음으로 출가한 너희가 만약 명예와 이익을 위하여 임금과 벼슬아치들 앞에서 부처님의 계를 설하면서 방자하게도 비구와 비구니와 보살계를 받은 사람을 구속하고 징계하되 감옥에 죄인을 가 두듯이 하고, 병졸과 종을 다루듯이 하면 마 치 이것은 사자의 몸에서 생긴 벌레가 사자 의 살을 먹는 것과 같아서 불제자 스스로가 불법을 파괴하는 것이며, 사자를 다른 벌레 가 먹지 못하는 것과 같이 외도나 마군은 불 법을 파괴하지 못한다.

만약 부처님의 계를 받았으면 불법을 외 아들을 사랑하듯이 부모를 섬기듯이 보호 하여 파괴되지 않게 해야 한다. 보살은 외 도와 나쁜 사람들이 부처님의 계를 모욕하 는 것을 들으면 마치 3백 자루의 창이 심장 을 찌르는 듯이 여겨야 하며, 수천 개의 칼 과 몽둥이로 몸을 찌르고 때리는 것과 같이 여겨 '차라리 내 몸이 지옥에 들어가 백 겁 동안을 지낼지언정 나쁜 말로 부처님의 계

를 비방하는 소리를 한번이라도 듣지 않음
이 좋다'고 해야 할 것이거늘, 하물며 스스
로 부처님의 계를 깨뜨리고 사람을 시켜 그
로 하여금 불법을 깨뜨리는 인연을 지어 효
순하는 마음이 없도록 하겠느냐. 만약 짐짓
이 같은 일을 하면 가벼운 죄가 된다.

　이 아홉 가지 계를 마땅히 배우고 공경하
는 마음으로 받들어 지녀야 한다.

제5장　총결

　불자들아, 이 마흔여덟 가지 가벼운 계를
너희는 받아 지녀야 한다. 과거의 보살들이
이미 배웠고, 미래의 보살들도 마땅히 배울
것이며 현재의 보살들이 지금 배우고 있다.

여러 불자들은 자세히 들으라. 이 열 가지 큰 계와 마흔 여덟 가지 가벼운 계는 삼세의 부처님께서 이미 외우셨고 마땅히 외우실 것이며, 지금도 외우시고 나도 이같이 외우나니 너희 대중과 임금과 임금의 아들과 벼슬아치와 비구와 비구니와 믿음이 있는 남자와 믿음이 있는 여자 등 이 보살계를 받은 모든 사람은 부처님의 법이 항상 머무는 이 계를 마땅히 받아 지니고, 읽고, 외우고, 해석하여 설하고, 붓으로 써서 삼세의 중생들에게 펼치어 교화하는 일이 끊이지 않게 해야 한다.

　그리하여 천 부처님을 뵈옵기 수기(授記)를 받고, 세세생생에 세 가지 나쁜 세계와 여덟 가지 액난 속에 떨어지지 말며, 항상 인간이나 천상에 나도록 하여라. 내가 지금이 보리나무 아래서 7불(佛)의 계를 대략 설하였나니, 너희 대중은 한결같은 마음으로 이 바라제목차를 배우고 기쁘게 받들어 행해야 한다.

제6장 부처님의 당부

이 때 모였던 삼천대천세계의 보살계를 받은 같은 무리와 다른 대중들은 부처님의 말씀을 듣고, 마음으로부터 공경하면서 받들어 기쁘게 받아 지녔다. 이 때 석가모니 부처님께서 위와 같이 연화대장세계의 노사나불께서 설하신 심지법문품(心地法問品) 중의 열 가지 다함이 없이 계법(戒法)을 설하여 마치시고, 천백억의 석가모니 부처님께

서도 당신의 회상에서 또한 이같이 설하시
되, 마혜수라천왕궁(摩醯首羅天王宮)으로부터
보리나무 아래 이르기까지 십주처(住處)에
서 설하신 법문을 설하셨으며, 여러 보살들
과 많은 대중이 받들어 지니고, 읽고 외우게
하기 위하여 그 뜻을 해석하여 설하심도 이
와 같이 하셨다.

또 천백억의 세계와 연화장세계의 티끌
같이 많은 세계에서도 모든 부처님의 심장
(心藏)·지장(地藏)·계장(戒藏)·무량행원장
(無量行願藏)·인과불성상주장(因果佛性常住藏)
등 모든 부처님께서 설하신 한량없는 법장
(法藏)을 설하여 마치시니, 천백억의 세계에
있는 모든 중생들도 받아 지니고 기쁘게 받
들어 행하셨다.

밝은 이는 지혜 많아
이런 법문 지니오니
부처 되기 전에라도
다섯 이익 얻나니라.

첫째로는 시방불이
항상 수호하시옵고
둘째로는 죽을 때에
바른 소견 기뻐하고

셋째로는 세세생생 날 때마다
보살들과 더불어 벗이 되고
넷째로는 공덕이 산더미처럼 모여서
지계바라밀을 성취하고

다섯째는 다음 세상에

계와 복과 지혜 가득하네
이를 일러 불자라 하나니
밝은 이는 생각하라.

나라고 하는 상(相)에 집착한 이
이러한 법을 믿을 수 없고
깨달음만을 취하는 이
보리의 종자도 심지 못하리

보리의 싹이 자라나서
밝은 빛이 비추려면
고요하게 마음을
관찰해야 하네.

모든 법의 참된 모양
나지 않고 죽지도 않으며

항상 하지 아니하고 끊이지 않고
같지도 다르지도 아니하며
오지도 가지도 아니하네

한결같은 한 마음으로
방편을 다해 장엄하고
보살들이 해야 할 일
차례 따라 배우고서
유학(有學)과 무학(無學)을
차별하는 생각 내지 말라

이를 일러 제일도(第一道)라 하고
마하연나(摩訶衍那)라 하네.
일체의 나쁜 희론(戱論)
여기서는 모두 없어지고
부처님의 반야지혜는

이로부터 생겨나네

그러므로 불자들아
큰 용맹 어서 내어
부처님의 청정한 계율
구슬같이 보호하세

지난 세상 보살들도
이것으로 공부했고
과거·현재·미래 모든 보살
여기에서 배우나니
부처님 행하시고
찬탄하신 일이니
나도 따라 설하네

한량없는 이 복덕의 산더미를

중생에게 돌려보내
깨달음으로 향하나니
이 법문 듣는 이는
모두 성불하여지이다.